DEFENSE

DE LA
VERITÉ CATHOLIQVE,
TOVCHANT LES MIRACLES.

CONTRE LES DEGVISEMENS
ET ARTIFICES DE LA RESPONSE
FAITE PAR MESSIEVRS DE PORT-ROYAL,
A VN ESCRIT INTITVLÉ

OBSERVATIONS NECESSAIRES
sur ce qu'on dit estre arriué à Port-Royal,
au sujet de la saincte Espine.

Par le Sieur de SAINTE-FOY Docteur
en Theologie.

A PARIS,

Chez FLORENTIN LAMBERT, ruë S. Iacques
deuant Saint Yues, à l'Image S. Paul.

M. DC. LVII.
Auec Priuilege du Roy.

DEFENSE

DE LA

VÉRITÉ CATHOLIQUE

TOUCHANT LES MIRACLES.

CONTRE LES ENTRETIENS

D'ABBADIE, SUR LA SECONDE...

FAITE PAR MESSIEURS DE PORT-ROYAL

A MR... INSTITUVE

A PARIS

Chez FRANÇOIS LAMBERT, rue S. Jacques
... Saint Yves, à l'Image S. Paul.

M. DCC. VII.

DEFENSE DE LA VERITE'

Catholique, contre les déguisemens & artifices de la response faite par Messieurs de Port Royal, à vn escrit intitulé : Obseruations necessaires sur ce qui est arriué à Port-Royal, au sujet de la Saincte Espine.

'EGLISE qui combat dessus la terre pour le seruice & pour la gloire de Iesus-Christ, a receu depuis seize siecles diuerses attaques de la part de ses ennemis : Les Tyrans ont voulu l'exterminer & la destruire ; les Heretiques ont tasché de corrompre sa doctrine ; les Schismatiques se sont efforcez de luy deschirer le sein, & de la diuiser : Et pour paruenir à leurs malheureuses fins, les vns ont employé la violence, les autres ont vsé de ruses & d'artifices : Il y a mesme eu des faux Prophetes, lesquels par l'operation de Satan, ont fait des signes & des prodiges pour tromper & seduire ses Enfans. Mais on ne lit point qu'aucun de ces ennemis de la verité ait employé les veritables miracles operez par la Toute-puissance de Dieu, pour authoriser l'erreur & le mensonge. L'Enfer n'auoit pas encore osé commettre cét attentat, sinon en ce dernier & malheureux siecle, auquel (suiuant ce que dit l'Escriture) il semble que le Prince des tenebres commence d'estre deschaisné, pour déployer ces plus dangereux artifices, & employer ses plus violens efforts contre l Eglise.

Et certes il ne faut pas s'estonner, si la derniere & la plus pernicieuse de toutes les heresies, apres auoir essayé de rauir à Iesus-Christ le tiltre glorieux de Redempteur de tous les hommes ; qui fait le plus beau fleuron de sa couronne ; tasche aussi de luy oster des mains la Toute-puissance, ou du moins de se l'assujettir, & la faire seruir pour authoriser ses impostures : Et on ne doit pas trouuer estrange, si ceux là qui osent soustenir, non seulement que ce diuin Redempteur n'a point donné son sang, ny offert sa mort pour le salut de tous les hommes ; mais mesme qu'il n'a non plus prié pour le salut des pecheurs qui se perdent par leur impenitence, que pour le salut des demons ; s'efforcent d'obscurcir la gloire des miracles qu'il opere par les instrumens de sa Passion, en voulant les rendre semblables aux prodiges de l'Ante-Christ, qui ne seront

A

employez , que pour perſuader l'erreur & le menſonge.

C'eſtoit pour s'oppoſer à vn deſſein ſi pernicieux , & pour empeſcher ſes funeſtes ſuites , qu'on auoit , il y a quelque temps , donné au public vn eſcrit: par lequel, apres auoir remontré à Meſſieurs les Directeurs de Port-Royal la faute qu'ils commettoient alors , en expoſant dans leur Egliſe vne Relique , & publiant des miracles contre l'ordre des Saincts Canons ; on faiſoit voir que bien qu'il ſe trouuaſt quelque miracle veritable, ils ne pouuoient neantmoins , ſans vn horrible blaſpheme , en tirer aucune conſequence pour authoriſer la doctrine condamnée de Ianſenius , ou pour iuſtifier leur contumace contre l'Egliſe.

Mais au lieu de profiter de cét aduertiſſement , ils ont (comme dit l'Eſcriture) regimbé contre l'eſperon , ayant publié contre cét eſcrit vn libelle tout remply d'inuectiues , où dans vne ſeule demie page , ils taxent l'Autheur *de temerité, d'aueuglement , de cruauté , de calomnie , d'animoſité , de ialouſie , d'enuie , de malignité , d'impoſture , de violence , &c.* Et au lieu de reſpondre aux iuſtes reproches qu'on leur faiſoit, de vouloir ſe ſeruir d'vn miracle , operé par vn des inſtrumens de la Paſſion de Ieſus Chriſt , pour répandre dans les eſprits vne hereſie, qui attaque directement la vertu de la Paſſion du meſme Ieſus-Chriſt; ils ont recours aux déguiſemens , qui leur ſont aſſez ordinaires ; ils font ſemblant que ce n'eſt pas à eux à que l'on parle , mais à des Religieuſes deſquelles on ne dit ny bien ny mal dans tout cét écrit. Ils employent de longues Apologies pour les deffendre de ce dont on ne les accuſe pas : & neantmoins ils ne laiſſent pas de vouloir artificieuſement prendre auantage de tout ce qu'ils diſent en faueur de ces Filles , à cauſe de l'vnion & correſpondance qu'ils ont auec elles , pour inſinuer ſubtilement dans les eſprits vne bonne eſtime de leur doctrine & de leurs perſonnes ; & faire croire que Dieu s'eſt declaré pour eux ; que ce miracle qu'il a operé, eſt vne approbation euidente de la doctrine de Ianſenius , & vne iuſtification manifeſte de tout ce qu'ils ont fait pour la ſouſtenir.

Or dautant que c'eſt là leur principal deſſein , & que tous les diſcours artificieux de leur libelle ne tendent qu'à tirer quelque aduantage du miracle arriué à Port-Royal , & de tous les autres qu'ils y adiouſtent , pour ſe fortifier de plus en plus dans leurs erreurs , & pour y attirer & engager les autres; il eſt tres-important de faire voir premierement , combien cette pretention eſt non ſeulement iniuſte , mais meſme oppoſée aux principes de la vraye Religion & pieté : Apres quoy il ſera aiſé de deſcouurir les artifices , déguiſemens , calomnies , &c. contenuës dans leur libelle. Et pour y proceder auec plus d'ordre , nous diuiſerons ce que nous auons à dire en deux parties : en la premiere nous parlerons des miracles en general , & nous rechercherons pourquoy Dieu a fait celuy qui eſt arriué à Port-Royal: & en la ſeconde , nous ferons vne ſommaire diſcuſſion du contenu *en*

3

leur libelle, & de tous les equiuoques & autres moyens artificieux &
iniuftes, que les Ianfeniftes employent pour couurir & fomenter leurs
erreurs.

PREMIERE PARTIE.

LE nom de miracle, felon la doctrine de faint Auguftin, de faint Thomas, & de tous les Theologiens, fignifie vn effect qui eft contre le
cours ordinaire de la Nature, & qui furpaffe le pouuoir de toutes les
creatures, tant corporelles que fpirituelles ; & par confequent qui ne
peut eftre produit que par la Toute-puiffance de Dieu.

Nous difons en premier lieu, que le miracle eft vn effet produit contre le cours ordinaire de la Nature ; pour diftinguer les effets qui font
vrayement miraculeux, d'auec ceux qui font feulement admirables :
car il y a plufieurs chofes dans la Nature, qui donnent de l'admiration à
ceux qui en ignorent les caufes, & neantmoins qui ne font pas tenus
pour miracles ; d'autant qu'elles ne font pas contre le cours ordinaire de
la Nature, dans l'eftenduë de laquelle fe trouue les caufes de ces effets
merueilleux, quoy qu'inconnuës à la plufpart des hommes.

Nous difons en fuite, qu'il faut que cét effet furpaffe le pouuoir de
toutes les creatures, tant corporelles que fpirituelles : car felon le commun fentiment des Docteurs, il faut qu'vn effet, pour eftre vrayement
miraculeux, foit tel, que ny les Anges, ny les hommes, ny les demons,
ne le puiffent produire, par leurs forces & induftries naturelles en la
maniere qu'il eft produit. Et c'eftlà ce qui donne plus de difficulté, quand il eft queftion de determiner ce que l'on doit tenir, ou ne
pas tenir pour miracle : d'autant que felon faint Thomas, les demons
eftans de purs efprits, qui ont vne tres-grande actiuité, iointe à vne
tres-parfaite connoiffance de la vertu & faculté de toutes les caufes naturelles, peuuent faire par leurs feules forces, beaucoup de chofes qui
furpaffent toute l'induftrie & capacité des hommes ; & par confequent
qui femblent quelquefois eftre des miracles, & qui neantmoins ne le
font pas. Et à ce fujet Anaftafe Euefque de Nicée, Autheur tres-docte
& tres-graue, qui viuoit il y a plus de neuf cens ans, rapporte auoir efté
prefent, & auoir veu de fes propres yeux vn heretique de la fecte des
Macedoniens, lequel fit changer de place à vn oliuier, & le tranfporta
en vn autre lieu, pour donner de l'ombrage à ceux qui l'efcoutoient :
Et comme on portoit vn deffunct en terre, ayant arrefté le cercueil, il
fit parler celuy qui eftoit mort, & declarer en prefence de tout le peuple, combien il deuoit à vn vfurier, qui vouloit contraindre fa veufue à
luy payer plus qu il ne luy eftoit deu. Et quand cét heretique fut mort,
il fe faifoit diuers fignes à fon fepulchre, par l'inuocation de fon nom.
Il adioufte en fuite plufieurs eftranges prodiges operez par le miniftere

A ij

des demons ; comme quand Simon le Magicien faifoit marcher les fta-
tuës, & luy-mefme fe tenoit au milieu d'vn feu fans en receuoir aucune
lefion, il voloit par l'air, il changeoit les pierres en pain &c.

Il rapporte femblablement comme du temps de l'Empereur Domi-
tian, la ville de Rome eftant affligée d'vne grande pefte, ce Prince idola-
tre fit venir trois Magiciens, Iulian, Apollonius, & Apulée ; & les ayant
prié d'employer leur art pour fecourir la ville, & la deliurer de cette
contagion ; Apulée luy dit que dans l'efpace de quinze iours il feroit
ceffer la pefte dans vn tiers de la ville : Apollonius dit, qu'il feroit le mefme dans dix iours : & Iulian qui eftoit plus grand magicien que les autres, dit que dans ce terme qu'ils prenoient, toute la ville pourroit perir
de pefte, & que pour luy il vouloit que dés l'heure mefme la pefte cef-
faft dans toute la ville : ce qui arriua au mefme inftant, au grand
eftonnement de tous ceux qui en reffentirent l'effet.

Or ce que le diable a fait en cette occafion pour appaifer & deliurer
vne ville entiere d'vne maladie, à laquelle on ne pouuoit alors pouruoir
par les remedes humains, il le peut faire encore plus facilement à l'égard
des perfonnes particulieres, pour la guerifon de plufieurs autres maladies, qui femblent quelquefois eftre incurables par l'induftrie des hômes;
& qu'il peut neantmoins guerir fecretement par l'application imper-
ceptible de quelques remedes naturels. Et mefme l'experience nous apprend que la feule imagination produit quelquefois des effets tout extraordinaires en certaines perfonnes. Et comme tout cela eft fouuent
tres-difficile à difcerner, pour cette raifon Noffeigneurs les Euefques
ne fe rendent pas ordinairement faciles à permettre la publication des
nouueaux miracles, en ce qui regarde la guerifon des maladies, particulierement lors qu'ils en font follicitez par des perfonnes intereffées; mais
ils procedent en ces fortes d'affaires auec vne tres-grande circonfpeétion,
pour ne donner lieu à aucune furprife, dont nous auons rapporté vn
exemple tres-digne de remarque dans les Obferuations. Et en effet on a
veu il y a quelques années en cette ville de Paris, vn concours merueilleux de peuple pendant plufieurs mois en vn certain lieu, où l'on croyoit
communement qu'il fe faifoit vn grand nombre de miracles en la guerifon des maladies ; & neantmoins feu Monfeigneur l'Archeuefque les
ayant fait diligemment examiner, il ne fe trouua pas vne feule de ces
guerifons, qui pût eftre reconnuë pour miracle, quoy qu'il y en euft
quelques-vnes qui fuffent bien extraordinaires.

Enfin nous difons que c'eft à Dieu feul auquel il appartient de faire des
miracles, parce que c'eft à luy feul à qui toute la nature eft parfaitement fujette, & aux volontez duquel toutes les creatures rendent vne
entiere & abfoluë obeyffance; & par confequent c'eft luy feul qui en
peut difpofer fouuerainement comme il luy plaift. Il eft bien vray qu'il
employe quelquefois les Anges & les hommes pour faire des miracles,

mais il ne les employe que comme inſtrumens de ſa Toute-puiſſance, laquelle ſeule par elle meſme produit tous les effets miraculeux.

Cela ainſi ſuppoſé, la principale difficulté qu'il nous faut éclaircir, eſt de ſçauoir pourquoy Dieu fait les miracles, & particulierement pourquoy il a fait celuy qui eſt arriué à Port-Royal. Il eſt bien vray que Dieu fait toutes choſes pour luy-meſme, & pour eſtre glorifié en ſes œuures, comme l'Eſcriture ſainɛte nous le declare : Mais comme il peut tirer ſa gloire en pluſieurs manieres des miracles qu'il fait, s'en ſeruant quelquefois pour faire reſſentir les effets de ſa miſericorde ; d'autrefois pour exercer ſa iuſtice, ou bien pour faire éclatter la grandeur de ſa puiſſance, de ſa ſageſſe, & de ſes autres perfeɛtions ; nous ne ſçaurions connoiſtre auec certitude quels ſont les deſſeins particuliers de Dieu, dans les miracles qu'il opere, ſi luy-meſme ne nous le manifeſte par les voyes ordinaires, dont il ſe ſert pour nous faire connoiſtre ſes volontez. Auſſi ne pretendons-nous pas entrer dans cette connoiſſance par de foibles raiſonnemens, ou vaines conjeɛtures, comme font les Meſſieurs de Port-Royal dans leur libelle, mais ſeulement en ſuiuant les lumieres, que Dieu nous donne par l'Eſcriture, & par les ſainɛts Peres & Doɛteurs de l'Egliſe.

Vniuerſa pro-
pter ſemet-
ipſū operatus
eſt Dominus,
Prou. 16.

Et premierement il faut tenir pour indubitable la doɛtrine de ſainɛt Thomas, qui dit, *que ceux qui ſouſtiennent ou enſeignent vne fauſſe doɛtrine, ne peuuent iamais faire aucun veritable miracle, pour la confirmation de cette doɛtrine ; bien qu'ils en pûſſent faire quelques-vns pour l'exaltation du nom de Ieſus-Chriſt qu'ils inuoquent, ou par la vertu des choſes ſainɛtes qu'ils employent.* Et par conſequent c'eſt vne fauſſeté de dire, & vne impieté de vouloir perſuader, que Dieu faſſe des miracles pour approuuer vne hereſie, & vne contumace & rebellion contre ſon Egliſe, ou pour iuſtifier aucun heretique, ſchiſmatique, ou rebelle à cette meſme Egliſe. Il eſt le Dieu de verité & de charité, qui a vne oppoſition eſſentielle à tout ce qui eſt oppoſé à l'vne ou à l'autre de ces vertus : *il eſt fidelle*, comme dit le ſainɛt Apoſtre, *& ne peut pas ſe nier luy-meſme* : De ſorte que lorſqu'il a vne fois parlé, & défini vne verité par l'organe de ſon Egliſe, elle eſt & ſera eternellement reconnuë pour verité : & quoy qu'il arriue, quels ſignes & prodiges qui paroiſſent voire meſme quand toute la Nature ſe réuerſeroit deuant nos yeux pour nous perſuader le contraire, il faudroit touſiours conſtamment croire cette verité, & demeurer fermes & inesbranlables dans vne entiere obeyſſance & ſoumiſſion à l'Egliſe qui nous l'enſeigneroit.

A malis, qui
falſam doɛtri-
nā enunciant,
nunquā fiunt
vera miracula
ad confirma-
tionem ſuæ
doɛtrinæ,
quāuis quan-
doque fieri
poſſint, ad
commenda-
tioné nominis
Chriſti, quem
inuocant, &
virtute Sacra-
mentorū quæ
exhibent. S.
Th. 22. q. 178.
art. 2. ad 3.
Fidelis eſt,
ſeipſum nega-
re non poteſt,
2. Tim. 2.

Bernard de Luxembourg, cité par Martin Delrio Autheur tres celebre, rapporte ſur ce ſujet l'exemple memorable d'vn certain heretique nommé Guido de Lacha, qui pendant ſa vie auoit couuert ſes erreurs du manteau de pieté auec tant d'adreſſe, qu'il paſſoit dans l'eſprit du peuple pour vn ſainɛt Iean Baptiſte ; & neantmoins ſous cette vertu

Bernard. de
Luxemb. in
Catalogo he-
retic. litter. G.
Mart. Del Rio
lib. 6. Diſqui-
ſition. magic.
c. 2. ſeɛt. 2.

A iij

apparente, il retenoit en son cœur des sentimens contraires à la foy de l'Eglise; lesquels il ne manifestoit qu'à peu de personnes, & lors seulement qu'il esperoit en tirer quelque auantage; & tousiours auec tant de precaution, que durant sa vie il n'en parut aucune chose; de sorte qu'il mourut en opinion de sainteté. Mais Dieu qui auoit attendu ce miserable à penitence pendant sa vie, ne voulut pas que son hypocrisie demeuraft long-temps cachée apres sa mort. Quelques personnes zelées pour la foy ayant descouuert ses erreurs les defererent à l'Euesque; lequel ayant fait faire vne exacte information, & reconnu que cét homme estoit mort dans l'heresie, ordonna que son corps seroit tiré de sa sepulture, & bruslé en place publique, & ses cendres iettées au vent. Mais comme on se fut mis en deuoir d'executer cette sentence, il arriua vn des plus estranges prodiges que l'on euft iamais veu: car le corps ayant esté ietté dans le feu, on le vid tout d'vn coup s'esleuer en l'air, & demeurer ainsi suspendu au dessus du feu, en sorte que les flammes n'y pouuoient atteindre. Le peuple qui estoit present à ce spectacle, commence à murmurer hautement contre l'Euesque, & contre tout son Clergé; disant que c'estoit par enuie & par ialousie qu'on vouloit faire passer cét homme pour heretique, & menaçant de ietter dans le feu ceux qui auoient contribué à vne execution si iniuste. L'Euesque fut de premier abord surpris d'vn tel accident; mais puis apres se recueillant en luy-mesme, & tenant pour tres certain que Dieu ne pouuoit estre l'autheur de ce prodige, qui ne tendoit qu'à vne heresie, il demeura ferme dans sa premiere resolution; & ayant aucunement appaisé l'emotion du peuple, il celebra au mesme lieu la saincte Messe en l'honneur de la tres-saincte Vierge Marie, pour demander à Dieu par la vertu de ce diuin Sacrifice, le secours de sa Toute-puissance contre ces prestiges de l'Enfer. Et voila qu'au moment de la consecration, on entendit plusieurs voix en l'air qui s'écrioient: *O Guido, Guido de Lacha, nous t'auons soustenu & deffendu autant que nous auons pû; mais maintenant nous ne le pouuons plus, d'autant qu'il y en a vn plus grand & plus fort que nous qui est icy present.* Et au mesme temps ce corps mort tomba dans le bucher, & fut en fort peu de temps reduit en cendre.

Cét exemple fait voir iusques où peuuent quelquefois aller les prestiges & impostures du malin esprit; & neantmoins auec quelle fermeté il faut persister dans la creance des veritez qui nous sont enseignées par l'Eglise, & rejetter, toutes les erreurs qu'elle condamne. Il donne aussi à connoistre combien grande est la vertu de la presence du corps de Iesus-Christ au tres-sainct Sacrement de l'Autel, & combien salutaires sont les intercessions de sa tres-saincte Mere, contre toutes les entreprises de l'esprit de mensonge.

Il est donc certain que Dieu ne fait iamais de miracles pour authoriser en aucune façon l'heresie, ny pour fauoriser les heretiques; & par

confequent il faut tenir pour tres-conftant & tres-affeuré , que le miracle qui s'eft fait à Port-Royal , ny tous les autres qui s'y pourroient
faire , ne font point pour approuuer la doctrine condamnée de Ianfenius , ny pour iuftifier en quelque façon que ce foit , ceux qui s'opinia-
ftrent à la fouftenir contre les decrets de noftre fainct Pere le Pape , &
les declarations de Noffeigneurs les Euefques ; & qui aiment mieux fe
voir dégradez de leur Doctorat , & retranchez du corps d'vne Faculté
tres-illuftre & tres-Catholique , que de fe retracter pour fe foumettre au
iugement de l'Eglife.

Mais , (dira quelqu'vn) c'eft dans l'Eglife de Port-Royal , dont ceux
qu'on appelle Ianfeniftes fe difent les Directeurs ; & mefme c'eft entre
leurs mains que ce font ces miracles : ce font eux qui portent la faincte
Efpine , qui la font toucher , & qui par cét attouchement gueriffent les
malades. Quoy , feroit-il croyable que Dieu vouluft fe feruir des heretiques pour diftribuer fes graces , & qu'il euft choifi vn lieu , qui feroit
fous la puiffance des ennemis de fon Eglife , pour y faire reffentir les
effets extraordinaires de fa bonté ?

Voila ce que Meffieurs les Ianfeniftes mettent en la bouche de leurs
adherans , & qu'ils tafchent d'infinuër dans l'efprit du peuple : & c'eft là
le principal argument qu'ils employent dans leur libelle , auec tous les
artifices & déguifemens de leur Rethorique ; C'eft le dernier retranche-
ment où ils fe retirent pour fe mettre à couuert des foudres de l'Eglife :
Mais cette forte de defence eft bien foible , eftant toute fondée fur des
déguifemens & fuppofitions contraires à la verité.

Et premierement on pourroit leur refpondre , que de tous ces miracles qu'ils alleguent , il n'y en a qu'vn qui ait efté reconnu tel par le
Superieur Ecclefiaftique , & que cét vnique miracle s'eft fait en leur
abfence , & à leur infceu , en la perfonne d'vne petite fille qui n'eft point
Religieufe , mais feulement penfionnaire , fans mefme que ny cette
fille , ny les Religieufes s'en apperceuffent comme ils le confeffent ; &
que de tous les autres miracles qu'ils rapportent , il n'y en a pas vn feul
qui ait efté examiné & approuué par l'authorité Ecclefiaftique ; &
mefme qu'on a defia découuert plufieurs fauffetez qu'ils entremeflent
parmy le recit de ces pretendus miracles , comme il fera dit cy-apres.

Mais fuppofons que tous ces miracles ayent efté examinez felon l'ordre prefcrit par l'Eglife , qu'ils foient reconnus & approuuez pour
veritables , & mefme qu'il y en ait encore d'autres plus authentiques
& plus fignalez , qui ayent efté faits dans l'Eglife de Port-Royal par les
mains des plus opiniaftres Ianfeniftes ; quand bien cela feroit ainfi , il
eft tres-faux de dire que ces miracles foient vne marque que Dieu ap-
prouue leur doctrine , ou qu'il rend témoignage de leur innocence &
de leur vertu. Dauantage lors que Dieu fait des miracles en quelque
lieu , ou par les mains de quelques perfonnes , il ne s'enfuit pas que

ceux qui demeurent ou qui font leurs aſſemblées en ce lieu, ny que ceux par les mains deſquels, ou pour la gueriſon deſquels ces miracles ſont faits, ſoient en eſtat de iuſtice & de grace ; ou que la doctrine qu'ils profeſſent ſoit ſaine & Orthodoxe ; puiſque l'Eſcriture, les Peres, l'hiſtoire Eccleſiaſtique, & la veritable Theologie nous enſeignent le contraire ; & nous font voir que Dieu fait quelquefois des miracles en des lieux qui ſeruent de retraite & d'habitation aux pecheurs & aux infidelles, & par les mains des pecheurs & des infidelles, & pour le ſoulagement corporel des pecheurs & des infidelles ; quoy que nonobſtant ces miracles, ils demeurent touſiours dans leurs pechez & dans leur infidelité.

L'Eſcriture ſaincte eſt manifeſte ſur ce poinct puiſque Ieſus-Chriſt nous declare dans l'Euangile, qu'au iour du iugement pluſieurs luy diront : *Seigneur, Seigneur, n'auons nous pas prophetiſé en voſtre nom, & n'auons-nous pas chaſſé les demons en voſtre nom ; & n'auons-nous pas fait pluſieurs miracles en voſtre nom ? Et alors ce diuin Iuge leur dira : Ie ne vous ay iamais connus ; retirez-vous de deuant moy ouuriers d'iniquité.*

Multi dicent mihi in illa die : Domine Domine, nonne in nomine Prophetauimus, & in nomine tuo dæmonia ejecimus, & in nomine tuo virtutes muultas fecimus ; & tunc confitebor illis, quia nunquam, noui vos diſcedite à me omnes qui operamini iniquitatem. Matth.7.

Sur leſquelles paroles ſainct Hieroſme dit, *que prophetiſer ou faire des miracles, & chaſſer les demons par la vertu diuine, n'eſt pas touſiours vn effet du merite ny de la vertu de celuy qui fait ces choſes ; mais c'eſt l'inuocation du nom de Ieſus-Chriſt qui opere ces merueilles, ou bien c'eſt que Dieu permet aux pecheurs de les faire en inuoquant ce ſainct Nom, pour l'vtilité de ceux qui les voyent, ou qui en entendent parler ; ou meſme pour la condamnation de ceux qui les font : en ſorte que bien qu'on meſpriſe les pecheurs qui font ces miracles, on rende neantmoins gloire à Dieu, par l'inuocation duquel ils ſont faits.*

Prophetare, vel virtutes facere, & dæmonia eiicere, etiam diuina virtute, non eſt interdum eius meriti qui operatur ; ſed vel inuocatio nominis Chriſti hoc agit, vel ob condemnationem eo.um qui inuocant, aut vtilitatem eorum qui vident & audiunt, conceditur, vt licet homines deſpiciant ſigna facientes, tamen Deum honorem, ad cuius inuocatio.em fiant tanta miracula. Hieron. in cap. 7. Matth.

Et ſainct Chryſoſtome expliquant ce meſme paſſage, & preuenant toutes les chicaneries que pourroient faire les Ianſeniſtes, ſe fait cette objection : *Il y en a, dit il, quelques-vns qui alleguent que ces gens-là, lors qu'ils parleront au Fils de Dieu, ne diront pas la verité, & que c'eſt pour cela qu'ils ne ſeront pas ſauuez : mais cela ne peut pas eſtre, d'autant qu'ils n'auroient pas l'effronterie d'auancer vn menſonge en la preſence d'vn tel Iuge ; & meſme la reſponſe qu'il leur fait monſtre qu'il reconnoiſt bien qu'ils ont fait ces miracles. Il y en a d'autres qui diſent, qu'ils n'eſtoient pas dans l'eſtat du peché au temps qu'ils faiſoient ces miracles : mais que depuis ils y ſont tombez. ſi cela eſtoit, le raiſonnement dont vſe Noſtre Seigneur, pour monſtrer que la foy ny les miracles ne ſeruent de rien ſans la bonne vie, n'auroit aucune force : Outre qu'en leur diſant : Ie ne vous ay iamais connu, il fait aſſez voir qu'ils n'eſtoient pas en eſtat de grace & de iuſtice : non ſeulement au temps du Iugement, mais meſme lors qu'ils faiſoient ces miracles.*

Sed ſunt quidã qui dicũt, quoniã mentientes hi hoc dixerunt, ideo ſaluati non ſunt ; ſed non auderent iudice præſente ad ipſum hoc dicere : ſed & ipſa reſponſio oſtendit talia feciſſe, &c. Quidam autem dicunt quoniam in tempore, in quo hæc mi

racul<i>

racula faciebant iniqua agebant ; fed fi hoc erit , rurfus quod Dominus volebat monftrare non conftat , quod fcilicet.neque fides , neque miracula valent , bona vita non exiftente , Chryfoft. homil. 25. in Matth. Dicit autem eis nunquam noui vos , quafi non folum in hoc tempore , fed neque tunc cum miracula faciebatis, Idem homil. 27.in Matth.

Et à ces propos fainct Fulgence difoit fort bien *que les miracles ne donnent pas la faincteté à celuy qui les fait , mais feulement quelque eftime & reputation dans l'opinion des hommes ; auec laquelle il ne laiffera pas d'eftre condamné aux fupplices eternels , s'il fe trouue defpourueu de la vraye iuftice & fainteté.*

Mirabilia (aiebat Fulgentius) non conferût homini iuftitiam, fed hominum notitiam ; quif.

quis autem hominibus fuerit notus, nifi fuerit iuftus, ad æterna perueniet fupplicia condemnatus. Author vitæ S. Fulgentij cap. 16.

Et fainct Athanafe répondant à cette queftion, pourquoy quelques heretiques font des miracles? dit, *qu'il ne faut pas s'en eftonner, puis que Noftre Seigneur a dit, plufieurs me diront au iour du Iugement, Seigneur, n'auons nous pas fait plufieurs miracles par la vertu de voftre Nom; & ie leur refpondray, Sortez de deuant moy ouuriers d'iniquité, ie ne vous ay iamais conneu. Car fouuent les miracles fe font pluftoft par la foy de celuy qui implore le fecours de Dieu dans fon befoin, que par la vertu de celuy qui opere le miracle ; car il eft efcrit, ta foy t'a fauué. Et d'ailleurs il faut remarquer, que p'ufieurs, quoy qu'ils n'ayent pas vne vraye foy, auront offert diuers trauaux à Dieu, & il leur aura donné pour falaire en cette vie, la grace d'operer des miracles, afin qu'en l'autre vie ils entendent, Tu as reçu ta recompenfe.*

Quomodo etiam quidam heretici figna edunt ? Ne fit vobis mirum; audiuimus enim Dominû dicétem multi in illo die mihi dicturi funt, Domine nonne in nomine tuo virtutes multas fecimus, &c. Sæpe enim

non virtute miracula edentis quæ fanationem efficiat, miracula fiunt: fed fide ad eum adeuntis hominis. Scriptum eft enim fides tua te feruauit. Oportet enim & hoc notari, quod multi prauè credentes multos labores obtulerint, & mercedem pro eis acceperint in hoc fæculo fanationum & prophetiarum donum : vt in futuro fæculo audiant, recepiftis bona veftra. Athanaf in queft. ad Antioch.queft.110.

Sur ce mefme fujet fainct Gregoire Pape declare *que l'Eglife ne fait aucun eftat des miracles faits par les heretiques, d'autant qu'elle ne les recönoift point pour marques de fainfteté ; dont la preuue affeurée n'eft pas de faire des miracles, mais d'auoir vne foy faine & Orthodoxe des chofes de Dieu, aimer fon prochain comme foy-mefme, & l'eftimer plus que foy-mefme.*

Ecclefia, etiáfi aliqua funt hereticorum miracula, defpicit,quia hæc fanctitatis fpeciem non

effe cognofcit : probatio quidem fanctitatis non effe figna facere, fed proximum vt fe diligere, de Deo vera , de proximo meliora quam de fe ipfo fentire. S.Greg.lib.10.mor.c.9.

Sainct Iuftin Martyr nous confirme cette verité par vne belle comparaifon. *Tout de mefme, dit-il, que Dieu ne fait pas luire fon foleil & tomber fes pluyes fur les mefchans aufi bien que fur les bons, pour les confirmer en leur malice : de mefme, s'il fait quelques miracles chez les heretiques, ce n'eft pas pour les fortifier & rendre p'us obftinez dans leurs erreurs. Et Noftre Seigneur fait en cela ce qu'il nous a enfeigné ; couurant des charbons de fa charité, la tefte de ceux qui ne connoiffent pas comme ils doiuent, l'Autheur de toute verité.*

Quemadmodum quod fol oritur in bonos & malos pluitque in iuftos, & iuftos; id non eft eiufmodi vt malos & iniuftos confirmet in malitia & iniuftitia eorum fimilia

tia; ita non confirmat hæreticos in errore, quod quædam miracula fiunt in eis, &c. Ipfe Dominus quæ nos docuit, facit ; congerens ignem in capita eorum qui fidei datorem, non vt dignus eft, cognouerint. Iuft. Mart. in refponf. ad q.5.

Et fainct Auguftin traite amplement de cette matiere en l'vn de fes Ouurages, où il dit entre autres chofes, *que Noftre Seigneur nous aduertit dans l'Euangile, que les mefchans font quelquefois des miracles, tels que les Sa nts mefmes n'en peuuent faire de femblables ; & que pour cela ils ne doiuent pas*

Chriftus in Euangelio admonet, vt intelligamus ;

quædam miracula etiam fceleratos homines facere, qualia fancti facere non poffunt , nec tamen ideo potioris apud Deum loci arbitrandi funt. Auguft. lib. 83. quæft. q 79.

Nonnunquã mali Chriftiani , vel fchifmatici , vel heretici , per nomen Chrifti, aut verba, aut Sacramẽta Chriftiana exigunt aliquid à poteftatibus quibus honori Chrifti cedere indictum eft. Idem Ibid.

Nemo vobis fabulas vendat ; vt Pontius fecit miracula ; Donatus orauit, & refpondit ei Deus de cœlo. Primò aut falluntur, aut fallunt : Deinde fac illum montes transferre , charitatem autem non habet , nihil eft : Videamus vtrum habuerit charitatem ? crederem , fi non diuififfet vnitatem : nam & contra iftos, vt fic loquar , mirabiliarios cautum me fecit Deus meus, &c. Teneamus ergo vnitatem , fratres mei , præter vnitatem enim qui facit miracula nihil eft. Auguft. tract. 13. in Ioannem.

Nemo dicat hoc verũ eft, quia illa & illa mirabilia fecit Donatus, vel Pontius, vel quilibet alius ; aut quia homines ad me morias mortuorum no ftrorum orãt & exaudiuntur ; aut quia ille frater nofter , aut illa foror noftra tale vifum vigilans vidit , vel tale vifum dormiés fomniauit Remoueantur ifta vel figmenta mendacium hominum, vel portenta fal-

eftre eftimez meilleurs deuant Dieu. Il adioufte, *que non feulement les mauuais Chreftiens , mais auffi les Schifmatiques & Heretiques employent la vertu du nom de Iefus-Chrift, ou de fes paroles , ou des autres chofes facrées qui luy appartiennent , pour commander aux demons ; lefquels font contraints de ceder, à la puiffance de ce diuin Sauueur.* Et en vn autre endroit : *N'efcoutez point,* dit-il parlant aux Catholiques, *les fables que l'on vous debite pour attirer vos aumofnes; comme lors qu'on vous dit , que l'heretique Pontius a fait vn miracle : que Donat a prié, & que Dieu luy a refpondu des Cieux : Car premierement ces gens-là , ou font trompés eux-mefmes, ou veulent tromper les autres : Et de plus , quand mefme ils tranfporteroient les montagnes, ils ne font rien s'ils n'ont point la charité. Et partant voyons s'ils ont eu la charité, mais ie ne le fçaurois croire, puis qu'ils ont diuifé l'vnité de l'Eglife : & d'ailleurs Dieu m'aduertit de me donner de garde de tels faifeurs de miracles, &c.* Tenons-nous donc , mes freres , eftroitement vnis à l'Eglife ; car il ne fert de rien de faire des miracles , à celuy qui n'eft point dans cette vnité. Et au lieu cy-deffus allegué , il rapporte fur ce fujet l'exemple de ce Iuif dont il eft parlé dans l'Euangile ; lequel quoy qu'il ne creuft pas en Iefus-Chrift, ne laiffoit pas de chaffer les demons au nom de Iefus Chrift.

Et au liure qu'il a fait de l'vnité de l'Eglife contre Petilian Donatifte, il parle excellemment fur ce mefme fujet, *qu'on ne m'allegue point,* dit ce fainct Pere, *que cette doctrine eft veritab'e, pource que Donat , ou Ponce , ou quelqu'autre a fait tels ou tels miracles; ou pource que ceux qui vont prier dans les lieux où repofent les corps de ces heretiques font exaucez ; ou bien pource qu'vn tel frere, ou vne telle fœur, ont eu vne telle vifion en veillant, ou vn tel fonge en dormant : Que l'on rejette toutes ces fictions des hommes trompeurs, & tous ces preftiges des efprits de menfonge: car, ou les chofes qu'on dit ne font pas veritables ; ou s'il eft vray que les heretiques ayent fait quelque miracle , il s'en faut dauantage donner de garde, &c. Au refte fi quelqu'vn faifant fes prieres dans les Oratoires des heretiques eft exaucé, ce n'eft pas à caufe de la fainteté du lieu , mais felon le merite de fon oraifon, &c. Ne lifons-nous pas que quelques-vns ont efté exaucez de Dieu, dans les Temples qu'on auoit bafty fur les montagnes de la Iudee ; lefquels Temples neantmoins defplaifoient tellement à Dieu, que les Roys qui ne les deftruifoient point , eftoient blafmez ; & ceux qui les deftruifoient eftoient loüez : D'où l'on peut entendre que l'affection de celuy qui prie , vaut bien plus deuant Dieu, que la confideration du lieu où il prie.* Et plus bas il adioufte vne parole tres-confiderable, qui eft, *que quand Dieu exauce les Payens, ou les Iuifs, ou les heretiques , en operant quelque miracle, c'eft, ou pour le chaftimens de leur peruerfité, ou pour le foulagement de leur mifere ; ou bien pour leur seruir d'aduertissement de se conuertir, & de se mettre dans la voye du salut.*

vera quæ dicuntur, aut si hæreticorum aliqua mira facta sunt, magis cauere debemus : Aug. lib. de Vnit. Eccl. c. 19.

Porrò si aliquis in hereticorum memoriis orans exauditur, non pro merito loci, sed pro merito desiderij sui recipit, &c. Nonne legimus ab ipso Domino Deo nonnullos exauditos in excelsis montium Iudeæ, quæ tamen excelsa ita displicebant Deo, vt Reges qui ea non euerterent culparentur, & qui euerterent laudarentur. Vnde intelligitur, magis valere petentis affectum, quam petitionis locum. Idem ibid.

Exaudiuntur ergo multi etiam Pagani, & Iudæi, & hæretici ab ipso Deo, vel ad pœnam malitiæ, vel ad solatium miseriæ, vel ad monitionem quærendæ salutis æternæ. Idem ibid.

Anaſtaſe Eueſque de Nicée traitant ce meſme ſujet, dit tres à propos ce qui ſuit : *Quand vous verrez quelque miracle fait par les heretiques, & par les incredules, Dieu le voulant ainſi, ne vous en eſtonnez pas, & ne vous deſtournez-pas pour cela de la vraye foy : car ſouuent c'eſt pluſtoſt la foy de celuy qui vient pour chercher le ſecours de Dieu, qui eſt la cauſe du miracle, que le merite de celuy qui le fait. Il dit en ſuite, que S. Iean Baptiſte qui a eſté le plus grand de tous ceux qui ſont naiſ des femmes, n'eſt point dit auoir fait aucun miracle ; & que le perfide Iudas en a fait pluſieurs : car il eſtoit auec ceux qui furent enuoyez pour reſſuſciter les morts, & guerir les malades : C'eſt pourquoy ne faites pas grand cas de voir quelque pecheur ou heretique faire quelque miracle ; car il ne faut pas iuger de la foy d'vn Chreſtien, ou de la ſainſteté d'vn Prophete, par les miracles, mais par la vie bonne & vertueuſe : car pluſieurs, non ſeulement de ceux leſquels quoy que fideles, ſont neantmoins pecheurs, mais auſſi des heretiques & infidelles, ont propheti ſé & fait des miracles ; Dieu le permettant ainſi par vne ſecrette conduite de ſa Prouidence, &c. Puis donc qu'il ſe fait ſouuent des miracles, Dieu le permettant ainſi, par les pecheurs & par les incredules comme nous auons dit, il ne faut pas doreſnauant en tirer aucune conſequence, pour porter iugement de l'innocence ou de la ſainſteté de quelque perſonne ; mais, comme dit Noſtre Seigneur, vous les connoiſtrez par leurs fruicts.*

Ioannes Baptiſta, qui fuit maior inter natos mulierum, nullum ſignum feciſſe cernitur : Iudas autem omnino multa fecit, nam ipſe quoque erat cum aliis qui miſſi ſunt ad mortuos ſuſcitandos, & leproſos mundandos. Quamobrem ne magnum aliquid exiſtimes ſi videris aliquem indignum aut à recta fide alienum, ſignum facere, non oportet autem aut virum orthodoxum ex ſignis, aut prophetam diiudicare quod ſit ſanctus, ſed ex eo quod vitam recte inſtituit. Multi enim ſæpe non ſolum orthodoxi peccatores, ſed etiam hæretici & infideles effecerunt ſigna, & prophetarunt cum diuina quadam diſpenſatione eſſet eis conceſſum, &c. Quoniam vt oſtenſum eſt à peccatoribus & incredulis ſæpe fiunt ſigna & prophetiæ per quamdam diſpenſationem, non oportet de ce ero ex rebus eiuſmodi diiudicare quempiam num ſit ſanctus, ſed ex eorum fructibus vt dicit Dominus cognoſcetis eos. Idem ibidem.

Apres l'authorité de tous ces Saincts Peres, la doctrine du ſçauant & pieux Gerſon Chancelier de l'Vniuerſité de Paris, eſt tres-remarquable ſur ce meſme ſujet des miracles : C'eſt en vn Opuſcule qu'il a fait pour reſpondre à ceux qui impugnoient le ſainct Ordre des Chartreux, & les meſpriſoient à cauſe qu'il ne ſe trouuoit point qu'ils euſſent fait beaucoup de miracles ; où il parle en cette ſorte : *Quelques-vns ont fait des miracles en leur vie, & en font encore ; leſquels pour cela n'ont pas eſté plus vertueux ny plus ſaincts : mais au contraire, ils en ont eſté pires & plus dignes de condemnation. Ainſi Iudas le traiſtre a fait des miracles, d'autant qu'il a receu la puiſſance de chaſſer les demons auec les autres Apoſtres ; leſquels retournoient ioyeux, & diſoient à Ieſus-Chriſt : Seigneur, voila que meſme les*

lacium ſpirituum : aut enim nõ ſunt

Quando videris per hereticos, & per incredulos, diuino aliquo iudicio, fieri aliquod ſignũ, ne obſtupeſcas, neque à recta fide dimouearis ; ſæpe enim eius qui accedit fides ea eſt quæ ſignum facit, non eius qui fecit dignitas. *Anaſtaſius Epiſc. Nic. n. in reſponſione ad Orthodoxorum interrogationes de diuerſis capitibus Ecclſiaſticis qu ſt 23.*

Aliqui fecerunt ſigna in vita, & faciũt, nec tamen ob hoc ſanctiores immò peiores & damnabiliores etiam Euãgelio teſte ſunt & fuerunt, &c. Sic Iudas traditor *demons nous sont soûmis par la vertu de vostre Nom: Mais la verité eternelle declare qu'il ne se faut point glorifier des miracles. En quoy donc, Seigneur, est-il permis à vos Esleus de se resiouyr? Resiouyssez-vous, leur dit-il, de ce que vos noms sont escrits dans le Ciel. Car Iudas le traistre, & les enfans des Iuifs, & iusques à maintenant plusieurs chassent les diables, qui sont peut-estre pires que les demoniaques. Et à la fin de cét Opuscule, il dit, qu'on ne lit point que la tres-saincte Vierge Marie ait fait aucun miracle en sa vie; & que les Apostres dans les Euangiles & Epistres, ne parlent point de son excellence & saincteté; & ne disent point d'elle sinon ce que les Prophetes en ont dit; c'est à sçauoir, qu'elle a enfanté le Fils de Dieu. D'où neantmoins par vne consequence tres-certaine, ils ont exprimé en cette qualité de Mere de Dieu, l'excellence & la sureminence de toute sorte de pureté & de saincteté, qu'elle a possedée par dessus toutes les creatures humaines & Angeliques. Or vouloir rechercher la saincteté de cette bien-heureuse Vierge par les miracles, seroit contrarier aux maximes de la foy saine & Orthodoxe: & il ne faut pas estimer que les miracles qui se font tous les iours par ses intercessions, soient operez pour seruir de preuue de sa saincteté, ou qu'ils contribuent quelque chose à sa saincteté: mais ils sont faits pour manifester sa tres-grande charité & bonté enuers nous; & enuers tous ceux qui l'honnorent & l'inuoquent, auec vne vraye & sincere deuotion.*

fecit signa, quia accepit potestaté eiiciendi dæmonia cum ceteris Apostolis, qui & reuertebantur gaudentes ecce (inquiunt Christo) etiã dæmonia in nomine tuo subiiciuntur nobis: sed veritas æterna non esse in miraculis gloriandum ait, Nolite in hoc gaudere. In quo ergo Magister bone tuis electis est gaudendum? gaudete quia nomina vestra scripta sunt in cælis.

Vnde Iudas proditor, & filij Iudæorum, & vsque hodie multi eiiciunt dæmones, cum tamen sint dæmoniaci forte deteriores. *Gerson part. 2. in Opusculo contra impugnantes ordinem Carthusiens.*

Virgo Maria nullum legitur in hac vita fecisse miraculum, nec Apostoli in Euangeliis & Epistolis de eius sanctitate, & excellentia mentionem fecerunt, nisi sicut prophetæ cecinerunt virginem parituram Christum, ita illi eam peperisse filium Dei. Vnde ex consequenti in hoc solo verbo quod esset Mater Dei omnem expresserunt excellentiam, & supereminentiam totius puritatis & sanctitatis, supra omnem creaturam corporalem & spiritualem. Quærere ergo eius sanctitatem per miracula non esset sanæ fidei. Nec miracula quæ per eam quotidie fiunt ad probationem suæ sanctitatis exhibentur, nec sanctitati eius aliqui addunt, sed ad manifestandam immensam eius erga nos charitatem & pietatem, quam habet ad deuote eam implorantes & venerantes. *Idem ibid.*

Multorum & inter alios Augustini sétentia fuit Deum per malos nonnunquam mirabilia operari; & hoc nó vt sit falsæ rei testis, absit,

Et eu vn autre endroit il dit que c'est l'aduis de plusieurs saincts Peres; & entre les autres de sainct Augustin: que Dieu fait quelquefois des miracles par le ministere des pecheurs; non pas pour tesmoigner ou asseurer aucune faulseté, ce qu'on ne peut dire ny penser de Dieu sans blaspheme; mais il les fait pour la condemnation, tant de celuy du ministere duquel il se sert, que des autres qui par leur orgueil & obstination, se sont eux-mesmes aueuglez dans leurs erreurs.

sed in damnationem tam illius qui facit, quam illorum qui seduci & erroribus excæcari meruerunt. *Idem serm. in Dominic. 13. post Pent.*

Mali interdú miraculis vt Iudas, & alij coruscant, hac ob causam inter cæteras, ne boni viri qui talium authores non sunt peccatores reputentur cum indicat Augustinus super

Enfin il adiouste, que les meschans comme Iudas & autres semblables, éclatent quelquefois en miracles, Dieu le permettant ainsi pour cette cause, entre plusieurs autres: afin que les personnes vertueuses qui n'en font point ne soient pas pour cela estimées pires; puis que, comme parle sainct Augustin, ce ne sont pas les miracles, mais c'est la seule charité qui les rend agreables à Dieu. Sainct Bonauenture en rapporte encore vn autre, qui est afin que ceux qui sont vertueux ne se soucient pas, & ne tiennent aucun compte de pouuoir faire des miracles; puisque cette faculté peut se trouuer dans les pecheurs & infideles. C'est donc vne chose blasmable que d'auoir vn desir desordonné de

voir, ou de faire des miracles ; & cela peut quelquefois porter les personnes Ioannem, vos
dans la superstition, & dans l'erreur. Dei famulos
non miracula,
sed sola charitatis facit. Aliam notauit causam Bonauentura in 1. Sent. vt boni facere miracula parui pendant, cum
malis hoc conueniat, &c. Culpabilis est itaque nimia videndorum, aut faciendorum miraculorum cupiditas, &
nonnunquam in superstitionem traducit & errorem. *Idem ibid.*

Outre l'authorité de tous ces saincts Peres & Docteurs, la Theologie nous fournit encore vne raison tres conuaincante pour la preuue
de cette mesme verité ; qui est, que le don des miracles est du nombre
de ces graces que les Theologiens appellent graces gratuitement données ; lesquelles, comme sainct Thomas & tous les autres Docteurs 1.2.q.111.a.4.
enseignent, sont principalement données pour l'vtilité des autres, & & 5. Vide
non de celuy a qui elles sont conferées ; lequel elles ne rendent point Isambert disp.
meilleur deuant Dieu. D'où il s'ensuit, que bien qu'vne personne par 1.a.5.
la vertu du nom de Iesus-Christ, ou par l'exhibition de quelque relique, rendist la veuë aux aueugles nez ; & mesme ressuscitast les morts :
cela ne contribueroit en rien à sa iustification, ny à sa saincteté : Et
auec cette operation de miracles, elle pourroit demeurer dans le peché,
dans l'heresie, & dans l'infidelité. Il y en a diuers exemples dans l'histoire Ecclesiastique, dont on en a desia rapporté quelques-vns
dans l'escrit *des obseruations* ; de la verité desquels il sera cy-apres parlé,
& respondu aux objections que Messieurs de Port-Royal ont faites dans
leur libelle. Nous nous contenterons d'en adiouster encore vn qui est
tres-authentique, & tres-digne de remarque : Il est rapporté par Baronius au troisiéme tome de ses Annales, en l'année 327. l'an 14. de
sainct Syluestre Pape, & le 22. de l'Empereur Constantin, au nombre
18. 19. & suiuans ; & cét exemple est tiré de sainct Epiphane en son liure contre les heresies, en l'heresie 30. lequel dit l'auoir appris de la
propre bouche de celuy auquel la chose est arriuée. On met expresse-
ment icy ces citations toutes au long, pour deliurer ces Messieurs d'vne
peine semblable à celle qu'ils ont euë, de chercher quelques-vns des
exemples rapportez dans l'escrit *des Obseruations* ; lesquels ils ont rejettez
comme fabuleux, à cause qu'ils ne les ont pas rencontrez dans leurs liures : on les aidera en la seconde partie de ce discours à les trouuer ; & on
leur fera voir que ce ne sont point des fables.

Pour reuenir à nostre suiet, sainct Epiphane dit, qu'il y auoit en ce
temps-là vn personnage d'illustre condition, nommé Ioseph, Iuif de
nation & de religion ; lequel ayant tousiours vescu dans le Iudaïsme,
eut quelque pensée de quitter cette fausse Religion, ayant veu le Patriarche des Iuifs nommé Hellel se conuertir, & demander le baptesme
à l'heure de la mort. Cette pensée neantmoins aiant esté sans effet, il
receut vne seconde touche de la grace diuine, par la lecture du liure
des Euangiles & des Actes des Apostres, qui luy tomberent fortuite-
ment entre les mains. Mais tant s'en faut qu'il consentit à ce bon mou-
uement, qu'au contraire le repoussant, & s'endurcissant luy-mesme en

ſon infidelité, il conceuoit vn ſecret déplaiſir de voir ce qui eſtoit écrit de Ieſus-Chriſt dans ces liures. Pluſieurs années apres il tomba dans vne dangereuſe màladie; laquelle l'ayant reduit aux approches de la mort, luy fit leuer les yeux de ſon ame au ciel, & promettre à Dieu qu'il ſe feroit baptiſer s'il luy rendoit la ſanté: & neantmoins l'ayant recouuerte, il n'en fit rien, mais il perſiſta touſiours, & meſme s'obſtina encore dauantage dans ſon incredulité. Enfin, il eut vn iour la penſée de faire vne épreuue de ce que Ieſus Chriſt a dit dans l'Euangile, que l'on chaſſeroit les demons des corps par la vertu de ſon Nom: Et pour cét effet, il fit entrer ſecrettement dans ſa chambre, vn pauure garçon Iuif qui eſtoit poſſedé du diable; & ayant fait vn ſigne de Croix ſur vn vaiſſeau plein d'eau, comme il auoit oüy dire que les Chreſtiens faiſoient, il ietta de cette eau auec la main ſur le corps du poſſedé, & dit au demon qu'il luy commandoit au nom de Ieſus-Chriſt Nazareen de ſortir de ce corps: & auſſi-toſt ce ieune homme tombant par terre, ietta vn cry effroyable; & il luy ſortit quantité d'écume par la bouche: apres quoy il ſe trouua entierement deliuré & gueri. Et nonobſtant tout cela ce Ioſeph demeura touſiours dans l'aueuglement du Iudaïſme, & y euſt miſerablement fini ſa vie, ſi Dieu par vne miſericorde toute extraordinaire, n'euſt encore employé de plus forts remedes; ayant permis quelque temps apres qu'il fuſt perſecuté & outragé par les autres Iuifs, qui le voulurent maſſacrer: des mains deſquels ayant eſté à toute peine ſauué par vn Eueſque Catholique, il rendit enfin les armes de ſon obſtination; & ayant receu le ſainct Bapteſme, il demeura le reſte de ſa vie ferme & conſtant dans la foy de Ieſus-Chriſt.

Outre que cét exemple fait voir pluſieurs veritez oppoſées aux erreurs du Ianſeniſme; comme, que Dieu ne refuſe point ſa grace, meſme aux pecheurs les plus endurcis & obſtinez: que cette grace ne neceſſite point la volonté d'y conſentir: que la volonté peut reſiſter aux mouuemens de la grace; & qu'en effet elle y reſiſte ſouuent. Il monſtre clairement que les miracles ne ſont pas touſiours des marques de la ſainteté, ou de la foy ſaine & Orthodoxe de ceux qui les font, ny de ceux qui demeurent aux lieux où ils ſe font. Voila vn Iuif lequel ne croyoit point en Ieſus-Chriſt, & qui neantmoins fait vn miracle dans ſa maiſon, par la vertu du nom de Ieſus-Chriſt: & pourquoy trouuera-t'on eſtrange que Dieu permette qu'vn Ianſeniſte qui dénié la vertu & l'efficace de la Paſſion de Ieſus-Chriſt, faſſe quelque miracle par l'application d'vne relique de la Paſſion du meſme Ieſus-Chriſt. Ce diuin Sauueur qui a bien voulu communiquer cette grace à vn Iuif, pour conuaincre ſon incredulité, n'a-t'il pas aſſez de bonté pour faire la meſme miſericorde à vn Ianſeniſte?

Lib.7. hiſtor. Eccl.cap.17. Nous paſſons ſous ſilence le miracle qui fut fait par vn Eueſque heretique Nouatien, nommé Paul, rapporté par Socrate; duquel les autres heretiques Nouatiens se vouloient preualoir, quoy que sans aucune raison ; & plusieurs autres semblables qui se trouuent dans l'histoire Ecclesiastique. Ce qui a esté dit est plus que suffisant pour faire voir que les miracles ne sont pas tousiours des marques de la saine doctrine, ou de la saincteté de ceux qui demeurent au lieu où ils se font, ou par le ministrere desquels ils se font : & par consequent il est faux de dire que le miracle arriué à Port-Royal, ait esté fait pour authoriser la doctrine condamnée de Iansenius, ou pour iustifier la desobeyssance & rebellion des Iansenistes.

Quelqu'vn pourra encore insister & demander, pour quel sujet donc est-ce que Dieu a fait ce miracle à Port-Royal ? & quelles consequences est-ce qu'il en faut tirer ?

Pour l'esclaircissement de cette demande, il faut remarquer la doctrine de sainct Augustin, dans vne Epistre qu'il a escrite au Clergé & au peuple de la ville d'Hippone ; où il parle en ces termes : *Il est vray que Dieu est par tout, & que celuy qui a creé toutes choses, n'est contenu ny enfermé dans aucun lieu ; & qu'il doit estre adoré en esprit & verité, par les veritables adorateurs, afin que les exauçant en secret, il les iustifie aussi & les couronne en secret. Mais pour ce qui est des choses qu'il opere deuant les yeux des hommes, qui est-ce qui peut penetrer dans les desseins de son infinie Sagesse ? Et qui est-ce qui peut dire pourquoy il veut qu'il se fasse des miracles en certains lieux plutost qu'en d'autres ?* Et en suite ayant rapporté les miracles qui se faisoient dans vne Eglise de la ville de Milan dediée en l'honneur de quelques saincts Martyrs, il adjouste : *Quoy donc, les Eglises d'Affrique ne sont-elles pas remplies de corps de saincts Martyrs ? & neantmoins nous ne sçauons point qu'il s'y fasse de tels miracles ?* Et il conclud qu'il n'en faut point chercher d'autre raison, *sinon que Dieu fait ce qu'il luy plaist de ses dons, & les distribuë à vn chacun comme il luy plaist.* Il veut qu'il se fasse des miracles en vne Eglise, & il ne veut pas qu'il s'en fasse dans les autres : *Il veut que des pecheurs, des heretiques, des infidelles, fassent quelquefois des miracles, & que les Iustes & les Saincts n'en puissent faire :* Et qui est-ce, comme dit l'Escriture, qui osera luy demander pourquoy le faites-vous ainsi ?

Nunquid & non Africa sanctorum Martyrum corporibus plena est, & tamen nusquam hic scimus talia fieri, &c. Nec in omnibus memoriis sanctorum ista fieri voluit ille qui diuidit propria, vnicuique prout vult. *Idem ibid.* Christus in Euangelio admonet vt intelligamus quædam miracula etiam sceleratos homines facere, qualia sancti facere non possunt. *August. lib. 87 quæst. q. 79.*

Il faut encore obseruer ce que dit sainct Clement Pape, *que les miracles ne sont pas pour l'auantage & pour l'vtilité de ceux desquels Dieu se sert pour les faire, &c.* D'où vient que dans l'Euangile, Nostre Seigneur voulant nous instruire de cette verité, il dit à ses Apostres qui reuenoient d'vne mission, tous ioyeux de ce que les demons estoient contraints de leur obeyr par la vertu de son nom : *Ne vous resiouyssez pas de ce que les esprits vous sont soûmis, &c.* Et en suitte il adiouste, *qu'il ne sert de rien d'auoir le pouuoir de faire des miracles, à celuy lequel par ſon obſtination dans quelque erreur, n'eſt plus conté deuant Dieu au nombre des Fideles : D'auantage, la qualité de bon & de ver-tueux procede de la charité ; mais la faculté de faire des miracles, dépend de la Toute-puiſſance diuine : dont l'vne nous eſt propre, & l'autre appartient à Dieu.*

amplius numeratur inter fideles ſuperflua eſt reliqua omnis miraculorum facultas : Nam vt quis pius ſit ab amore proficiſcitur ; vt miracula efficiat ab authoris poteſtate : quorum alterum nos ipſos reſpicit, alterum operanté Deum. *Clement. lib. 8. Apoſt. conſt. cap. 1.*

De la doctrine de ces deux Saincts il faut conclure, que bien qu'on ne ſceuſt pas aſſeurement, & que Dieu ne fit point connoiſtre pour quel ſujet il a fait vn miracle au Port-Royal, & n'en a pas fait (comme diſent ces Meſſieurs dans leur libelle) chez les Carmelites & Vrſulines, où la saincte Eſpine a eſté portée ; il eſt neantmoins tres-certain qu'on ne peut pas infererde là, que les Religieuſes de Port-Royal ſoient plus vertueuſes ou plus ſainctes, que les Carmelites ou Vrſulines : & encore moins que la doctrine condamnée de Ianſenius ſoit veritable ; ou que les Ianſeniſtes ayent raiſon de ne point obeyr : eſtant tres-aſſeuré que bien qu'ils fuſſent tout éclattans en miracles, ils n'en ſeroient pas pour cela moins heretiques, tant qu'ils demeureront obſtinez à ſouſtenir leurs erreurs, contre l'authorité de l'Egliſe.

Mais pour ſatisfaire en quelque façon à ceux qui demandent pourquoy Dieu a fait ce miracle à Port-Royal, & qu'elle conſequence on en doit tirer, il faut remarquer que les deſſeins de Dieu ſont differens dans l'operation des miracles.

Quelquefois il les fait ſeulement pour magnifier & exalter le nom adorable de Ieſus-Chriſt ſon Fils ; par la vertu duquel ſont operez les miracles : ou bien pour donner à connoiſtre l'excellence des choſes qui appartiennent au culte de ſa diuine Majeſté ; deſquelles il ſe ſert pour faire ces miracles.

D'autrefois Dieu employe les miracles pour recommander la veneration qu'il veut eſtre renduë aux Saincts, & à leurs reliques ; comme ceux qui furent faits, lors que les corps des Saincts Martyrs Geruais & Protais furent trouuez à Milan : ou bien au contraire, pour punir ceux qui deshonnorent les Saincts, & qui taſchent de noircir leur memoire apres leur mort : comme il arriua à ces deux perſonnages d'Afrique, qui detractoient de ſainct Ambroiſe ; ainſi que le rapporte Paulin en l'hiſtoire de ſa vie.

Dieu a auſſi fait quelquefois des miracles, pour faire ceſſer les diſſentions & les inimitiez ; comme celuy dont parle S. Gregoire de Niſſe en ſon Panegyrique de S. Gregoire Eueſque de Neoceſarée.

Il en a fait ſemblablement pour recommander la ſaincteté des Feſtes ; & particulierement de celle de Paſques : tels que ſont ceux que Baronius rapporte au 5. tome de ſes Annales.

Enfin pour nous eſtendre dauantage ſur vne matiere qui n'a point
d'autres

d'autres bornes que celles de la Toute-puissance diuine, il suffira pour
la resolution de la question proposée, d'obseruer que quand Dieu opere quelque miracle dans les lieux infectez ou suspects d'heresie, ou
entre les mains des personnes qui n'ont pas vne foy saine & Orthodoxe,
c'est ordinairement pour les aduertir de renoncer à leurs erreurs, &
de reconnoistre & confesser la verité. Ainsi les miracles arriuez en la
ville de Berith dans la Synagogue des Iuifs, desquels il est parlé dans le
second Concile de Nicée, furent faits particulierement (comme l'eue-
nement le monstra) pour exciter ces infidelles à quitter leur fausse Religion. Tout de mesme quand Dieu opéra les signalez miracles qui
parurent dans l'Isle de Minorque, à l'arriuée des Reliques de Sainct
Estienne premier Martyr, qui y furent apportées d'Afrique, selon le
tesmoignage qu'en rend Seuerus Euesque de cette Isle, dans son Epistre
circulaire, escrite à tous les Euesques de l'Eglise Catholique : Ces miracles furent faits semblablement pour inuiter les infidelles qui démeu-
roient en cette Isle, d'ouurir les yeux à la lumiere de l'Euangile, comme
il parut par leur heureuse conuersion.

Et selon ce principe, il y a vn tres-iuste sujet de croire que c'est pour
cette mesme fin, que le miracle dont il est question, a esté fait à Port-
Royal : & que Dieu a voulu par vne conduite toute particuliere de sa
misericorde, faire éclatter la vertu de la Passion de Iesus-Christ, en se
seruant d'vn instrument de cette Passion, pour operer vn miracle deuant les yeux de ceux-là mesmes, qui s'obstinent à impugner le merite
& l'effet de la Passion du mesme Iesus-Christ ; & qui osent dire que ce
diuin Redempteur, n'a non plus offert son Sang, ny prié pour le salut
des pecheurs qui se perdent par leur impenitence, que pour celuy des
diables ; afin que la veuë de ce miracle leur touche le cœur, & leur fasse
déposer les armes de leur obstinatiou, pour se soumettre auec sincerité
& humilité, au iugement de l'Eglise.

Il sera aisé de reconnoistre qu'il en est ainsi, à celuy qui voudra con-
siderer deuant Dieu, toutes les circonstances de ce miracle.

Car premierement, en quel temps est ce que ce miracle a esté fait ?
c'est au temps que l'Eglise ayant inutilement employé toute sorte de
moyens pour porter les Iansenistes à reconnoistre & abjurer leurs erreurs ; le Pape ayant rendu son iugement, & enuoyé ses Decrets en tous
les lieux de la terre : les Euesques ayans publié ces mesme Decrets, &
donné leurs declarations pour les faire encore mieux entendre, & plus
exactement obseruer. Les Docteurs de la plus celebre Faculté du monde, ayant noté de censure, & retranché de leur corps, ceux qui n'ont
pas voulu sincerement s'y soumettre : Et nonobstant tout cela, les
Iansenistes s'obstinans toufiours à soustenir leurs erreurs ; & aymans
mieux estre dégradez de leur Doctorat, & frappez des anathemes de
l'Eglise, que de se separer de Iansenius, & renoncer aux blasphemes

contenus dans son liure, côntre la vertu &l'es merites du Sang & de la Passion de Nostre Seigneur Iesus-Christ. Dieu qui est le Pere des misericordes, veut encore employer ce dernier moyen, & se seruir d'vne Epine qui a esté teinte du Sang que Iesus-Christ a versé pour le salut d'vn chacun des hommes, pour toucher plus efficacement leurs cœurs, & les porter à vne salutaire componction.

En quel lieu est-ce que ce miracle a esté fait ? à Port-Royal, c'est à dire, dans vn lieu qui est sous la direction, des Iansenistes, où ils ont pris leurs ordinaires assemblées, où ils ont tenu leurs conseils, où ils ont fait leurs complots, pour rauir à Iesus-Christ la qualité de Redempteur de tous les hommes, & porter vn chacun des Chrestiens dans le doute qu'il eust versé son Sang, & offert sa mort pour son salut.

De quelle façon, & en quelle maniere s'est fait ce miracle ? En guerissant les yeux malades d'vne fille, pensionnaire à Port-Royal : pour inuiter les Iansenistes à faire reflexion sur leur aueuglement interieur, & les porter à demander à Dieu, qu'il luy pleust éclaircir les yeux de leurs ames, par la lumiere de sa grace, pour connoistre & confesser la verité.

Qui est celuy, lequel considerant & pesant toutes ces circonstances, ne voye clairement que Dieu a voulu comme eriger vn trophée à la Passion de son Fils, dans le lieu mesme qui sert de place d'armes, à ceux qui en impugnent la vertu & le merite ; pour leur inspirer vne confusion de leur ingratitude, & méconnoissance enuers ce diuin Sauueur. Et puis que tous les autres moyens ont esté inutiles, il veut leur remettre deuant leurs yeux les blessures qu'il a receuës en son corps ; & particulierement en son chef à cause de leur obstination, & contumace contre celuy qu'il a establi chef de son Eglise : Il veut employer le Sang que cette Epine a tiré de ses veines, pour essayer d'amollir la dureté de leurs cœurs.

Et certes, lors que quelqu'vn de ces Messieurs tient en main cette Saincte Epine pour la monstrer au peuple, & pour la faire toucher aux malades, il deuroit écouter la voix de Iesus-Christ, qui luy parle dans le secret de sa conscience, & qui luy dit interieurement : *Souuiens-toy que cette Epine laquelle tu porte en tes mains, a transperçé mon Chef, pour t'obtenir le pardon de ta superbe, & de ta desobeyssance : le sang qui est sorti de la blessure qu'elle m'a faite, a esté versé pour ton salut, & pour celuy de tout ce peuple, & generalement de tous les hommes. Si donc les Decrets de celuy qui tient ma place dessus la terre ; si les declarations des Euesques de mon Eglise ; si les remonstrances des Docteurs n'ont pû fléchir ton esprit, que la voix de mon sang dont cette Epine est teinte, touche ton cœur ; humilie-toy, & obeys à ceux que i'ay preposez pour te conduire ; puisque pour ton sujet ie me suis humilié, & rendu obeyssant iusques à la mort, & à la mort de la Croix.*

SECONDE PARTIE.

Q Voy que ce qui a esté dit en la premiere Partie de ce discours, soit plus qui suffisant pour refuter tout ce qui est contenu en la res-ponse de Messieurs de Port-Royal, puis que nous auons fait voir que la pretention qu'ils ont dans ce libelle, d'employer le miracle arriué à Port Royal, pour authoriser la doctrine condamnée de Iansenius, & iustifier leur contumace & rebellion contre l'Eglise, est non seulement deraisonnable & injuste, mais aussi contraire à la vraye Religion & pieté : Neantmoins pour vne plus grande satisfaction des Catholiques, & vne plus entiere conuiction des Ianseniftes, nous ferons en cette se-conde Partie vne discussion plus particuliere du contenu en leur res-ponse. Et d'autant qu'il seroit trop ennuyeux au Lecteur d'examiner par le menu toutes les choses qui meriteroient correction, nous ferons seulement quelques reflexions sur les principales ; sauf d'en venir à vne seconde reuision s'il est necessaire.

I. REFLEXION,

Sur ce que Messieurs de Port-Royal s'offensent du tiltre de Rabat-Ioye des Ianseniftes, *qui a esté mis au commencement de l'escrit des* Observations.

Pag. 1.

Il y a sujet de s'estonner que ces Messieurs se trouuent blessez par vne parole qui leur semble moins serieuse ; eux qui tout recemment ont publié des lettres pleines de railleries sur les plus importantes matieres de la Theologie morale ; & qui vn peu auparauant auoient traité les plus hautes veritez de nostre Foy en Vers burlesques, dans ces ridicu-les enluminures qu'ils ont fait tant de fois imprimer en si beaux cara-cteres ; & pour lesquelles ils ont eu tant de complaisance, qu'ils ont composé vne grande Apologie pour prouuer par l'Escriture, par les Peres, & par les Conciles, qu'on pouuoit railler & faire des Vers bur-lesques sur les plus saincts mysteres de nostre Religion ; pourueu qu'ils pûssent seruir à décrier & calomnier les Iesuites.

Cependant ils se scandalisent de ce titre de *Rabat-Ioye des Ianseniftes*, qui a esté mis en l'absence de l'Autheur par le Libraire ; comme il se peut assez connoistre par le peu de liaison qu'ont ces mots auec ceux qui suiuent dans le mesme tiltre. Mais quoy qu'il en soit, ce tiltre ne laisse pas d'estre tres-veritable : car pour ce qui est du mot de *Rabat-Ioye*, il est assez notoire quels ont esté les sentimens des Ianseniftes sur le sujet de ce miracle ; duquel l'vn d'eux a escrit qu'il auoit releué toutes leurs esperances : & vn autre a dit encore plus franchement en bonne

C ij

compagnie, qu'ils auoient vn tres-grand besoin de ce miracle ; sans lequel leurs affaires estoient en tres-mauuaise posture. Or comme cette ioye qui ne regardoit que l'interest de leur caballe, & l'auancement de leurs mauuais desseins, estoit iniuste & déraisonnable, on a creu leur rendre vn office de charité, que de leur donner dans cét écrit vn correctif de cette mauuaise ioye : & par consequent ce n'est pas sans raison que le Libraire y a voulu adiouster le tiltre de *Rabat-Ioye*.

Pour ce qui est du nom de *Iansenistes*, si Messieurs de Port-Royal le trouuent odieux, & se faschent lors qu'on les nomme de la sorte, il leurs est tres-facile de l'effacer, & de fermer la bouche à tous ceux qui voudroient les appeller de ce nom. Qu'ils disent de cœur & de bouche, ce que le Pape & les Euesques ont dit touchant les erreurs de Iansenius : Qu'ils reconnoissent & confessent humblement & sincerement, que les Propositions qui ont esté condamnées comme heretiques sont de Iansenius, & qu'elles ont esté condamnées selon le sens de Iansenius, & qu'ils les rejettent & condamnent comme telles. Qu'ils se retractent pareillement de tout ce qu'ils ont écrit pour soustenir cette mauuaise doctrine de Iansenius ; & qu'ils condamnent tous les liures qu'ils ont escrits pour la defense de cét Autheur, comme l'Eglise les a condamnez. Quand ils se seront ainsi separez de Iansenius, il n'y aura plus aucun sujet de les appeller Iansenistes. Mais s'ils s'opiniastrent comme ils ont fait iusques à present, à soustenir cét Autheur contre l'authorité de l'Eglise ; & s'ils aiment mieux demeurer dégradez de leur Doctorat, retranchez du corps de la Sorbonne, & frappez des anathemes de l'Eglise, que de renoncer à la doctrine condamnée de Iansenius ; on peut, & mesme on doit les nommer Iansenistes, auec autant de raison, que les Saincts Peres & les Conciles, ont appellé Montanistes, Origenistes, & Donatistes, ceux qui soustenoient les erreurs de Montanus, Origene, & Donat ; contre l'authorité de la mesme Eglise. Et quand bien aucun ne leur donneroit ce nom de Iansenistes deuant les hommes, ils seroient rousiours reconnus pour tels deuant Dieu : & ils deuroient craindre beaucoup plus d'entendre vn iour de la bouche du souuerain Iuge, le reproche d'auoir esté Iansenistes ; c'est à dire, rebelles à son Eglise, que d'estre nottez de toutes les injures les plus atroces qu'ils pourroient receuoir de la part des hommes.

II. REFLEXION,

Sur la publication des nouueaux miracles que Messieurs du Port-Royal font au commencement de leur response.

C'est pour exciter l'attention du Lecteur que ces Messieurs, qui sont

excellens Rethoriciens, ont iugé à propos de commancer leur réponse
par l'expofition des nouueaux miracles, qu'ils difent auoir efté faits par
la fainéte Epine qui eft à Port-Royal : ce qu'ils reïterent derechef au
milieu de leur libelle, où ils en produifent plufieurs autres pour renou-
ueller cette mefme attention ; & ainfi preparer l'efprit du Lecteur à receuoir tout le refte des chofes qu'ils luy debitent. Mais ils n'ont pas
pris garde que c'eft vn mauuais exorde pour vne réponfe, en laquelle ils
pretendent fe purger du reproche qu'on leur a fait d'eftre rebelles, &
contumaces à l'Eglife, que de la commancer par vne action de defobeyf-
fance expreffe, & formelle aux Decrets de l'Eglife.

Ils fçauoient tres-bien que le Sainct Concile de Trente a deffendu
*d'admettre ny de publier aucuns nouueaux miracles, qu'ils n'ayent auparauant
efté reconnus & approuue{z} par l'Euefque ; lequel fur l'aduis qui luy en fera
donné, prendra confeil de perfonnes fçauantes & vertueufes ; & fera ce qu'il iugera plus conuenable à la verité & à la pieté.*
das nifi eodem recognofcente & approbante Epifcopo, qui fimul atque de iis aliquid compertum habuerit, adhibi-
tis in confilium Theologis, & aliis piis viris ea faciat quæ veritati & pietati magis confentanea, iudicauerit.
Concil Trid fef. 25. in decret. de venerat. & inuocat. S adct.

Statuit fancta fynodus nulla admittenda effe noua miracula nec nouas reliquias recipié-

Ils n'ignoroient pas que le Concile de Sens tenu auant le Concile de
Trente, auoit fait fur ce mefme fujet, vne ordonnance conccuë en ces
termes : *Ayans appris par le rapport de plufieurs perfonnes dignes de foy, que
quelquefois le bruit de quelques miracles faits en certains lieux, y attire grand concours de peuple, qui y prefente fes vœux, & fes offrandes : & defirans pouruoir
à la fimplicité du peuple qui nous eft commis, fouuent trop credule en ce point ; &
empefcher que certaines perfonnes corrompuës en leur foy, ne prennent de là de
nouuelles occafions de fatisfaire impudemment & impunément à leur conuoitife,
par des gains illicites & fordides : Nous deffendons tres-eftroitement de reconnoiftre,
ny pretendre cy-apres faire croire aucun miracle, que premierement l'Euefque du
lieu n'ait efté informé du tout ; & qu'apres vne exacte recherche, il n'ait ordonné
ce qu'il en faut tenir.*
Ex multorum fida relatione didicimus, fimplicem populum aliquando leui affertiore miraculorum ad vnum & alterum locum populariter concurriffe, candelas & alia vota obtuliffe. Vt igitur credulæ

fimplicitati nobis commiffæ plebis confulamus, & nouis impudentibufque hominum mente corruptorum ad quæ-
ftum occafionibus obuiemus, diftricté prohibemus ne quis poft hac miraculum de nouo factum prætendat, aut
populi concurfum in miraculi gratiam & venerationem recipiat, nifi prius loci Epifcopus quid de negotio tenendû
fit, caufa cognita decreuerit. *Concil. Sen fub Antonio à Prato cap.40.*

Ils fe fouuenoient bien de ce qui auoit efté dit du quatriefme Concile de Milan dans les *obferuations*, où le grand Archeuefque S. Charles
apres auoir derechef ordonné qu'on obferueroit exactement le Decret
du Concile de Trente, touchant la publication des miracles ; il adioufte ces paroles : *D'autant qu'il arriue fouuent que le concours du peuple, & le
commun bruit, fait paffer pour miracle ce qui en effet n'eft pas vray miracle, les
Euefques auront vn tres-grand foin en telles occafions, de s'oppofer d'abord auec vn
fainct zele, à tous ces nouueaux bruits de miracles que l'on fait courir parmy le peuple, iufques à ce que la verité du tout ait efté reconnuë, & approuuee par les voyes
legitimes & Canoniques.*
Qvia plerunque fit vt vulgi concurfu populique clamore aliquid pro miraculo euulgetur, quod revera non eft: ftudeant hoc fummopere Epifcopi, vbi huiufmodi

occafio fe obtulerit, vt primis illis vulgi clamoribus pie obfiftant, donec rei veritas legitime comprobata fuerit.
Conc. Mediol. 4. titul. de Reliquiis, miraculu, &c.

Voila donc toute l'Eglife qui deffend eftroitement d'admettre, ou
de publier aucun nouueau miracle, que premierement il n'ait efté reconnu & approuué par l'Euefque : & voicy Meffieurs les Ianfeniftes
qui fe difent enfans tres-foûmis & tres-obeyffans à l'Eglife ; lefquels
voulans répondre aux reproches qu'on leur fait de leur rebellion &
contumace contre l'Eglife, commencent leur réponfe par vne action
de rebellion expreffe & formelle contre l'Eglife : publiant de leur propre authorité plufieurs nouueaux miracles, fans aucune reconnoiffan-
ce ny approbation des Superieurs Ecclefiaftiques. Tant il eft vray que
ces Meffieurs font habituez à ne point obeyr, que mefme lors qu'ils
veulent feindre d'obeyr, ils ne le peuuent faire fans produire des marques de cét efprit de rebellion, qui eft le propre efprit du Ianfenifme.
Vrais enfans de Belial, qui ont rompu & fecoüé le joug de l'obeyffance Chreftien-
ne; & qui ont dit en leur cœur, qu'ils ne vouloient point fe foûmettre : bien
differens de ceux que Sainct Pierre appelle *Enfans d'obeyffance;* qui font
les veritables difciples de celuy qui a mieux aimé perdre la vie, que l'o-
beyffance.

III. REFLEXION,

Sur la qualité d'ennemy de la maifon Religieufe de Port-Royal,
qui eft donné à l'Autheur des Obferuations *; lequel*
eft auffi taxé d'enuie, de haine, & de cruauté
contre les Religieufes de cette Maifon.

Apres que ces Meffieurs ont tafché d'exciter l'attention du Lecteur
par l'expofition de leurs miracles, ils veulent, fuiuant les regles de la
Rethorique de Ciceron, fe concilier auffi fa bien-veillance, en repre-
fentant l'Autheur de l'efcrit auquel ils refpondent, comme vn ennemi
qui ne refpire qu'enuie, que haine, que cruauté contre les Religieufes
de Port-Royal ; & qui n'a autre deffein que de les noircir & diffamer
par cét écrit : & puis dans la fuite de leur difcours, ils ne manquent pas
d'exagerer la malice de cét aduerfaire, & l'innocence de ces Filles : ils
employent quantité de paffages de l'Efcriture & des Peres ; ils y entremeflent des exclamations, des imprecations, & autres figures de Rethorique, pour tefmoigner leur zele à fouftenir & defendre l'honneur
de ces Religieufes.

Mais ie demande à ces Meffieurs s'ils ont vne fi baffe opinion de l'efprit des Lecteurs, qu'ils penfent qu'vn artifice fi groffier foit fuffifant
pour les furprendre, & pour leur donner le change au fait dont il s'a-
git. Il eft queftion de répondre à vn écrit, par lequel on leur reproche
de vouloir employer vn miracle pour authorifer la doctrine condamnée
de Ianfenius, & iuftifier leur contumace & rebellion contre l'Eglife :

c'eſt là le principal ſujet de tout cét écrit, dans lequel on ne dit pas vne
ſeule parole, ny en bien ny en mal de ces Religieuſes : Et ces Meſſieurs
au lieu de reſpondre à cette objection, & ſe purger d'vn reproche qui
leur deuroit eſtre tres ſenſible, font ſemblant que ce n'eſt pas à eux que
l'on parle ; ils ſuppoſent malicieuſement & fauſſement que dans cét
écrit l'on attaque l'honneur de ces Religieuſes ; ils font de longs diſcours pour iuſtifier leur innocence ; & penſent par ce moyen ſe ſauuer,
ou du moins ſe ſeruir du voile de ces Filles pour couurir leur confuſion:
ſçachans bien qu'ils ne ſçauroient ſe lauer du reproche qu'on leur fait,
qu'en s'humiliant & reconnoiſſant qu'ils ont failli ; qui eſt ce qu'ils ne
veulent pas faire.

Non, non, Meſſieurs, l'Autheur de cét écrit n'eſt point porté de
haine ny d'enuie, mais plutoſt de compaſſion enuers ces Religieuſes ;
les voyant engagées, & comme captiuées ſous la conduite, ou plutoſt
ſous la domination des Ianſeniſtes, qui tiennent en leur pouuoir toutes
les auenuës de leur Monaſtere ; duquel ils ne permettent iamais l'ap-
proche à aucun Confeſſeur qu'il ne ſoit de leur caballe. Et certes qui
n'auroit pitié de voir des ames rachetées du Sang de Ieſus-Chriſt, aſſu-
jetties ſous la conduite de tels Directeurs, dans vn manifeſte danger de
leur ſalut eternel ; puis que comme Ieſus-Chriſt a dit : *Si vn aueugle con-
duit vn autre aueugle, ils tomberont tous deux dans la foſſe.*

Ce n'eſt donc point aux Religieuſes qu'on fait ce reproche ; ce n'eſt
point d'elles qu'on entend parler ; & pour coupper entierement la ra-
cine à tous les équiuoques dont ces Meſſieurs ſe joüent dans leur libelle, qu'ils ſçachent que dans cét écrit auſſi bien que dans celuy auquel
ils pretendent reſpondre. Le mot de *Port-Royal* n'eſt point employé
pour ſignifier la communauté des Religieuſes du Monaſtere de Port-
Royal, mais pour exprimer la caballe des Ianſeniſtes, deſquels pluſieurs
demeurent dans les nouueaux baſtimens du Port-Royal ; & où les autres ont leur rendez-vous ordinaire, pour y tenir leurs aſſemblées, & y
deliberer des affaires de leur ſecte.

Et partant que Meſſieurs les Ianſeniſtes prennent pour eux tout ce
qui a eſté mis dans cét écrit, auquel ils reſpondent, & tout ce qui ſe
trouuera dans celuy cy, par lequel on leur replique. C'eſt d'eux qu'on
ſe plaint ; c'eſt à eux à qui l'on fait reproche, de ce que non contens de
s'opiniaſtrer à ſouſtenir la doctrine condamnée de Ianſenius, contre
l'authorité de l'Egliſe, ils veulent encore employer les miracles pour
authoriſer cette doctrine, & iuſtifier leur contumace & rebellion : Et
c'eſt à quoy ils deuoient répondre, au lieu d'vſer des equiuoques & déguiſemens qu'ils employent : Et comme ils n'y ont point répondu, leur
ſilence doit eſtre pris pour vne confeſſion & vn aueu, que c'eſt auec
raiſon que l'on leur a fait ce reproche, duquel ils ne peuuent ſe iuſti-

fier qu'en renonçant aux erreurs de Ianfenius ; & fe foumettant humblement & fincerement à l'authorité de l'Eglife.

IV. REFLEXION,
Sur ce qui eſt dit dans ce libelle , que les Religieuſes de Port-Royal font perſecutées , & menacées de la derniere perſecution.

Pag. 5, 13, &c.

Ce mot de perfecution, que Meſſieurs de Port-Royal employent,
& qu'ils repetent pluſieurs fois dans leur libelle , nous oblige de rechercher quels font les perfecuteurs de ces Religieufes ; & quelles fortes de perfecutions on leur a fait fouffrir. Mais auant que d'entrer dans
cette recherche, ces Meſſieurs feront aüertis que c'eſt auec vne tres-
grande imprudence (pour ne rien dire dauantage) qu'ils vfent de ce
mot de perfecution , fur vn fujet qui regarde la Religion , dans vn
Royaume tres-Chreſtien, fous la domination d'vn Roy tres-pieux, &
tres-zelé pour la conferuation & deffence de la foy Catholique, Apo-
ftolique & Romaine. Ce n'eſt que dans les terres infidelles , ou dans les
lieux qui appartiennent aux Princes infidelles que les Chreſtiens font
perfecutez.

Mais paſſons cela, & voyons quelles font ces grandes perfecutions
que l'on a fait fouffrir aux Religieufes de Port-Royal. Si quelque eſtran-
ger venant à Paris, lifoit dans ce libelle les paroles que ces Meſſieurs
employent pour exprimer ces perfecutions , il s'imagineroit de voir à
fon arriuée vn Monaſtere deferté , des Religieufes difperfées , leurs
biens temporels enuahis, leur Clofture violée, leurs Chappelles & Oratoires prophanées, & toutes chofes en defordre & en defolation dans
leur maifon. Mais il feroit bien eſtonné lors qu'eſtant fur les lieux , il
trouueroit tout le contraire de ce qu'il fe feroit imaginé ; & qu'il ver-
roit vn Monaſtere rempli d'vn grand nombre de Religieufes , bien bafti,
bien meublé , bien renté, & bien fourni de toutes les commoditez ne-
ceffaires à la vie : Il faut auoüer qu'il feroit bien empefché de deuiner
quelles pourroient eſtre ces perfecutions dont on feroit de fi grandes
plaintes.

L'hiſtoire Ecclefiaſtique nous apprend qu'au temps des perfecutions
de l'Eglife, on rauiſſoit tous les biens aux Fidelles, qui eſtoient fouuent reduits à la derniere neceffité : Mais pendant les perfecutions du
Port-Royal, on y apporte des biens de tous coſtez , on y fait des aumofnes , & des dons de cinquante & foixante mille liures en vne feule
fois. Et tant s'en faut qu'on rauiffe le bien des Religieufes, qu'au contraire , pluſieurs familles fe dépoüillent de leurs facultez pour les en-
richir.

Au temps

Au temps des perfecutions de l'Eglife on démoliffoit & abattoit les Chappelles, les Temples, & autres lieux qui feruoient aux affemblées des Fidelles : Et pendant la perfecution du Port-Royal, on y fait des baftimens magnifiques, on edifie vne nouuelle ville dans l'enceinte de ce Monaftere ; & iamais les Architectes & les Maffons n'y ont eu plus d'occupation, que pendant le temps auquel les Ianfeniftes ont publié que ces Religieufes eftoient perfecutées.

Or comme ces perfecutions du Port-Royal font fort differentes de celles de l'Eglife, auffi les perfecuteurs dont fe plaignent les Ianfeniftes, font tout autres que ceux qui ont autrefois tourmenté l'Eglife : Et ces Meffieurs ont affez expreffement declaré leurs fentimens fur ce fujet dans la page douziefme de leur libelle ; où ils parlent d'vne conjuration faite contre eux au mois de Mars dernier ; car, c'eft ainfi qu'ils qualifient, auec leur modeftie & humilité ordinaire, ce qui fut fait en ce temps-là, en execution de la cenfure de Sorbonne, par l'authorité & mefme par les ordres exprés du Roy : De forte que s'ils veulent fincerement auoüer ce qu'ils ont dans la penfée, ils diront que leurs perfecuteurs ne font autres, finon ceux qui les ont preffez, & qui les ont voulu obliger de renoncer à la doctrine condamnée de Ianfenius !, & de fe foumettre humblement & fincerement à l'authorité de l'Eglife : Et pour parler ouuertement, ces perfecuteurs ne font autres que le Pape, les Euefques, les Docteurs, & generallement tous ceux qui ont authorifé, fouftenu, & deffendu la verité de la foy Catholique contre leurs pernicieux deffeins. Et apres cela ils oferont dire que Dieu a fait vn miracle pour proteger leur innocence contre ces perfecuteurs, & les deliurer de leurs perfecutions.

V. REFLEXION,

Sur ce que ces Meffieurs affurent que les Religieufes de Port-Royal Pag. 5. *admirent en filence, & retiennent fous le fecret depuis quinze ans, quelques miracles faits parmy elles.*

C'eft vne chofe digne d'admiration que des Religieufes ayent gardé le filence, & tenu fous le fecret pendant quinze années, les miracles faits parmy elles ; & que Meffieurs de Port-Royal, qui veulent paffer pour des efprits forts, n'ayent pû commander à leurs langues, ny à leurs plumes, pour attendre quelque temps à diuulguer ceux qu'ils debitent dans leur libelle ; iufques à ce qu'ils euffent efté reconnus & approuuez par les Superieurs Ecclefiaftiques. Encore feroit-il pardonnable à des filles, de parler en femblables rencontres ; car outre l'infirmité du fexe, qui leur fert d'excufe, elles ne fçauent pas ce que portent les Detrets des Conciles touchant l'ordre qui doit eſtre obſerué, quand il eſt queſtion de reconnoiſtre & de publier de nouueaux miracles. Mais que ceux qui ſe diſent les ſçauans du ſiecle, & qui ſe vantent de poſſeder ſi parfaitement les Conciles & les Peres, ſoient tombez en cette faute; & qu'ils ayent eu vne telle demangeaiſon de parler & d'écrire, que ſans attendre l'approbation des Superieurs, ils ſe precipitent de debiter pour miracles, les inuentions de leur caprice, ou les faux rapports qu'on leur fait, cela marque tout enſemble & vn tres-grand meſpris des loix Eccleſiaſtiques, & vn extréme foibleſſe d'eſprit.

De plus ces Meſſieurs ne prennent pas garde qu'en voulant donner des loüanges aux Religieuſes de Port-Royal, ils découurent vn notable défaut, dans lequel ils donnent ſujet de croire qu'elles ſont tombées. Ceux qui ſont verſez dans la police ſpirituelle des Monaſteres, ſçauent qu'vne des obſeruations principales & plus importantes pour le bon eſtat d'vne Communauté de Religieuſes, eſt qu'elles parlent auec grande ſincerité, & pour nous ſeruir du terme qui eſt en vſage dans les Religions, auec grande perſpicuité, à leurs Superieurs; ſur tout lors qu'ils font leurs viſites. Il ne faut pas alors qu'il y ait aucune reſerue, ny aucun ſecret à leur égard, il faut leur ouurir & manifeſter tout ce qui ſe paſſe en la maiſon; principalement quand ce ſont choſes qui appartiennent au culte & au ſeruice de Dieu : Et ſi l'on cachoit ou déguiſoit de ſemblables choſes aux Superieurs, dans leurs viſites, ce ſeroit vn manquement tres-notable, qui ne pourroit produire que de tres pernicieux effets : Et les Confeſſeurs ou Directeurs qui induiroient les Religieuſes à ſe comporter de la ſorte, deuroient eſtre tenus pour des ſeducteurs, & meriteroient d'eſtre chaſſez & interdits de leurs offices. Et cependant c'eſt-là ce que Meſſieurs de Port-Royal attribuënt auec Eloge aux Religieuſes qui ſont ſous leur direction, ils ſe vantent que ces filles ont retenu ſous le ſilence ces miracles, & quelles les ont cachez & diſſimulez meſme à Monſeigneur de Toul, lors grand Vicaire, & à Monſieur Charton Penitencier, quand ils ont fait la viſite au Monaſtere de Port-Royal.

Mais pourquoy ces Meſſieurs ont-ils porté ces Religieuſes à garder vn ſi long ſilence, & cacher pendant quinze ans à leurs Superieurs & Viſiteurs, les miracles aduenus dans leur Monaſtere : Car ils n'ignorent pas que les meſmes loix Eccleſiaſtiques qui deffendent de diuulguer les nouueaux miracles ſans vne legitime approbation, commandent auſſi que lors qu'il arriue quelque choſe d'extraordinaire qui ſemble eſtre miracle, on en donne promptement aduis à l'Eueſque; afin que s'eſtant bien informé du tout, il ordonne ce qu'il iugera eſtre le plus expedient pour la gloire de Dieu, & pour l'edification des Fidelles. Et comme c'eſt contreuenir aux ordonnances de l'Egliſe, que de manifeſter & diuulguer de nouueaux miracles ſans vne approbation Canonique; c'eſt auſſi

manquer à la fidelité qu'on doit à Dieu , que de cacher ſes œuures,
& ne les pas découurir à ceux qui ſont commis de ſa part pour en iuger
& faire le diſcernement.

Quelle peut donc eſtre la raiſon pour laquelle ces pretendus miracles
ont eſté retenus ſous vn ſi grand ſecret ? il y a ſans doute quelque myſtere caché là-deſſous ; mais ce myſtere n'eſt pas ſi difficile à connoiſtre,
ny a expliquer, que ces Meſſieurs ſe le perſuadent : On eſt tres-bien informé qu'il y a des Reliques de Sainĉts à Port-Royal qui ne ſe trouuent point inſerez dans le Martyrologe de Rome ny de France ; & que
Meſſieurs les Ianſeniſtes apres auoir effacé quatorze Sainĉts Papes du
Calendrier de leurs Heures, ſe ſont eux-meſmes faits Papes , & ont
canoniſé d'eſtranges Sainĉts ; qui ont fait, & qui font encore de terri-
bles miracles dans l'Egliſe. Il n'eſt pas neceſſaire d'en dire dauantage
pour le preſent ; & on ſe reſerue d'en parler plus amplement en temps &
lieu : Cependant ces Meſſieurs ſont exhortez de faire quelquefois leur
meditation ſur ce que Ieſus-Chriſt a dit dans l'Euangile, *que ceux qui
font mal, hayſſent la lumiere, & ſe tiennent cachez, de peur que leurs œuures
ne ſoient découuertes & blâmées : mais que ceux qui cherchent la verité, aiment
la lumiere, & font bien aiſes que leurs actions ſoient manifeſtées, d'autant qu'elles ſont faites en Dieu.*

Omnis qui
male agit, odit
lucem, & non
venit ad lucé,
vt non arguâ-
tur opera eius:
qui auté facit
veritatem, ve-
nit ad lucem
vt manifeſté-
tur opera eius
quia in Deo
ſunt facta.
Ioan.3.

VI. REFLEXION,

*Sur ce que Meſſieurs de Port-Royal ſouſtiennent que ceſt vn horri-
ble ſcandale de dire, que le Saint Eſprit faſſe des miracles dans
vn lieu qui ſeroit infecté d'hereſie, & ſur ce qu'ils diſent que les
miracles ſont des fruits d'vne veritable foy.* Page 8.

C'eſt donc vn horrible ſcandale que le ſeptieſme Concile general a Act.4.
donné à toute l'Egliſe, lors qu'il a inſeré dans ſes actes, les grands miracles que Dieu auoit faits dans vne Synagogue des Iuifs, par les mains
des Iuifs meſmes,& pour la gueriſon de pluſieurs Iuifs & infidelles. C'eſt
vn horrible ſcandale qu'ont donné Sainĉt Hieroſme, Sainĉt Auguſtin ,
Sainĉt Chryſoſtome , Sainĉt Iuſtin , & les autres Sainĉts Peres & Docteurs que nous auons citez en la premiere Partie de cét écrit, quand
ils ont enſeigné que les méchans, les heretiques, & les infidelles, faiſoient quelquefois des miracles par l'inuocation du nom de Ieſus-
Chriſt. Que ſi cette conſequence donne de l'horreur à Meſſieurs de
Port-Royal, qu'ils ſe retractent de l'antecedent, & qu'ils corrigent la
propoſition temeraire qu'ils ont auancée ; laquelle a eſté tres-ſuffiſam-
ment refutée par toutes les choſes qui ont eſté dites en la premiere
Partie.

Qu'ils ne diſent pas nuément & ſimplement que les miracles ſont les fruits d'vne veritable foy;mais qu'ils y ajoûtent que ces miracles font les fruits d'vne veritable foy, en ceux-là feulement qui ont vne veritable foy ; & quand ils font faits par la vertu de cette excellente foy que les Theologiens appellent la foy des miracles. Nous demeurons donc d'accord que les miracles font les fruits d'vne vraye foy, dans ceux qui ont vne vraye & fincere foumiffion d'efprit aux veritez qui leur font enfeignées par l'Eglife : mais à condition que Meffieurs de Port Royal reconnoiffent & confeffent que ces mefmes miracles font auffi quelquefois vne occafion d'endurciffement, & vn fujet de plus grande condamnation aux efprits fuperbes ; lefquels enflez de l'opinion d'vn peu de fcience qu'ils penfent auoir, s'efleuent en leur cœur, & ne veulent point fe foumettre ny obeyr à la voix de l'Eglife. Ils ont auffi raifon de dire en fuite que ce n'eft point le deffein de Dieu quand il fait des œuures miraculeufes, de porter les hommes dans l'erreur, ou de les y confirmer : Et par confequent c'eft contre le deffein de Dieu que les Ianfeniftes veulent fe feruir d'vn miracle pour induire les autres dans l'erreur, & pour s'y confirmer & obftiner dauantage eux-mefmes. Et comme ils fe rendent en cela imitateurs de Pharaon ; lequel voyant les miracles que la main de Dieu operoit deuant fes yeux pour le conuertir, s'endurcit & s'obftina toufiours de plus en plus, par la mauuaife difpofition de fon cœur ; ils ont auffi vn tres-iufte fujet de craindre que Dieu n'exerce contre eux les mefmes chaftimens & punitions qu'il a fait reffentir à cét infidelle.

VII. REFLEXION,
Sur ce que Meffieurs de Port-Royal difent que les miracles marquent toufiours aux hommes quelque verité.

Cette maxime eft tres certaine, mais elle eft tres-mal appliquée par Meffieurs de Port Royal, qui penfent en tirer auantage, fe mettant en la place des Apoftres, & voulant s'approprier leurs paroles, & infinuër dans l'efprit des Lecteurs, que le miracle fait à Port Royal eft pour monftrer *que le ciel eft pour eux ; qu'ils font les fidelles feruiteurs de Dieu ; que leur doctrine eft la doctrine de Dieu ; puis qu'elle eft fouftenuë par fa puiffance.* Car ces Meffieurs ne prennent pas garde que par leur pretention ils détruifent cette maxime qu'ils difent eftre le fondement de la veritable Religion ; en voulant faire feruir vn miracle qui doit toufiours marquer quelque verité, pour confirmer vn menfonge, & authorifer vne doctrine heretique condamnée de l'Eglife.

Qu'ils reconnoiffent donc que s'il y a quelque verité qui foit marquée par ce miracle arriué à Port-Royal, c'eft celle qu'ils impugnent touchant les merites de la Paffion de Iefus-Chrift ; de l'vn des inftru-

mens de laquelle Dieu a voulu se seruir pour operer vn miracle ; & s'ils
ne veulent point resister à la grace qui leur est presentée, qu'ils confessent que la diuine misericorde a voulu employer le miracle d'vne
guerison corporelle, pour guerir leurs ames d'vne maladie spirituelle,
bien plus dangereuse, qui est la superbe & l'obstination : qu'il a reme-
dié à vne infirmité des yeux du corps, pour éclaircir l'aueuglement de
leurs esprits, & les obliger de se soumettre humblement & sincerement à la verité qui leur est enseignée par l'Eglise ; & confesser que Iesus-Christ a offert le sang que cette Epine auec les autres, a tiré de son
sacré Chef pour leur salut eternel, aussi bien que pour celuy de tous
les hommes : & qu'il a sacrifié sa vie, & offert le merite de sa mort pour
leur obtenir à tous en general, & à chacun d'eux en particulier, les lumieres & les graces necessaires pour arriuer à vne bien-heureuse fin.
Voila quelle est la verité que Dieu leur marque par ce miracle, par lequel il códamne aussi toutes les erreurs contraires à cette verité que son
Eglise a condamnées ; & particulierement le blaspheme de Iansenius &
des Iansenistes, qui osent soustenir auec luy, que Iesus Christ n'a non
plus prié pour le salut des pecheurs qui se perdent par leur faute, que
pour le salut des diables.

VIII. REFLEXION,
Sur l'exemple des miracles de Sainct Antoine, rapportez par Messieurs de Port-Royal.

Page 9.

Ces Messieurs se sont tres-mal adressez que de prendre sainct Antoine pour patron du Iansenisme, & d'employer ses miracles pour authoriser leurs erreurs. S'ils veulent se donner la peine de lire ce que Sainct
Athanase en a écrit en l'histoire de sa vie, ils trouueront que ce grand
S. auoit non seulement vne auersion, mais aussi vne horreur de tous
les Heretiques & Schismatiques ; c'est à dire, de tous ceux qui s'obsti-
noient à soustenir vne doctrine condamnée de l'Eglise ; ou qui ne vouloient pas rendre vne sincere obeyssance & soumission en ce qui concerne la foy au Chef de l'Eglise : desquels il fuyoit la conuersation, &
mesme la rencontre ; & disoit que *de se lier d'amitié auec telles gens, ou
d'écouter leurs discours, c'estoit se mettre au hazard de perdre son ame, & se dam-
ner.* Et Sainct Athanase adiouste, qu'il les auoit en telle detestation
qu'il disoit à tous, *que mesme il ne falloit pas s'approcher de telles personnes ;
& que leurs paroles estoient plus venimeuses que les serpens.* Ie laisse à penser
à Messieurs les Iansenistes s'ils eussent esté les bien-venus auprés de ce
grand Sainct, & s'ils eussent eu bonne grace de se vanter en sa presence,
qu'ils se seruiroient de l'exemple de ses miracles pour authoriser vne
doctrine heretique, condamnée par l'Eglise, & se fortifier & obstiner

Cap. 41.

Denuntiabat
talium amici-
tias atque ser-
mones perdi-
tionem esse
animæ. *Atha-
nas. sup.*
Sic eos dete-
stabatur vt
omnibus di-
ceret, nec iux-
ta eos quidem
esse acceden-
dum, &c.
Et sermones
eorum multo
deteriores es-
se serpentibus.
Idem Ibid.

D iij

dans leur defobeyſſance & rebellion contre l'Eglife.

Or il eſt à remarquer que Sainꝗ Athanaſe dans cette hiſtoire, dit vne choſe que Meſſieurs du Port-Royal ont omiſe à deſſein ; c'eſt à ſçauoir, que la cauſe pour laquelle Sainꝗ Antoine fit vn voyage en la ville d'Alexandrie, fut au ſujet d'vn faux-bruit que les Arriens auoient fait courir (comme il eſt aſſez ordinaire à tous les heretiques, & particulierement aux Ianſeniſtes) que ce Sainꝗ perſonnage eſtoit de leur parti, qu'il auoit les meſmes ſentimens, & profeſſoit la meſme doctrine auec eux. Ce qui ayant eſté rapporté à ce bien-heureux Sainꝗ, il fut ſurpris de l'impudence de ces heretiques, qui auançoient ſi hardiment vne telle impoſture ; & touché d'vn iuſte reſſentiment de colere contre eux, il ſe reſolut d'aller en Alexandrie, y eſtant d'ailleurs inuité par quelques Eueſques, pour declarer hautement quelle eſtoit la creance qu'il profeſſoit : & qu'y eſtant arriué il précha publiquement contre les Arriens & autres heretiques ; & apres auoir exhorté auec des paroles tres-efficaces les Catholiques de n'auoir aucune vnion ny liaiſon auec ces ennemis de l'Eglife, il adiouſta vne parole tres-digne de remarque : *Vous autres*, leur dit-il, *qui croyez fidellement, eſtes les vrays Chreſtiens; mais ceux qui ne veulent point croire, doiuent eſtre mis au rang des Payens & des Idolatres.* D'où il s'enſuit, ſelon la doctrine de ce bien-heureux Saint, que comme ceux-là ſont vrayement Chreſtiens qui croyent fidellement ; c'eſt à dire, qui ſoumettent humblement & ſincerement leur eſprit pour tenir & croire ce qui leur eſt propoſé par l'Eglife : Auſſi ceux-là ne ſont Chreſtiens qu'en apparence, & meſme ne meritent pas le nom de Chreſtiens, qui ne veulent pas ſoumettre leur eſprit à l'authorité de l'Eglife, ny croire ce qui eſt défini par le iugement du Chef ſouuerain de l'Eglife : ou bien qui ne le croyent pas fidellement ; c'eſt à dire, qui font quelque mine exterieure de croire, & de ſe ſoumettre ; mais qui neantmoins en leur eſprit retiennent des ſentimens tout contraires.

Il faut encore obſeruer que Sainꝗ Athanaſe ne dit pas vn ſeul mot de ce que Meſſieurs de Port-Royal adiouſtent, ſelon leur bonne foy ordinaire : *Qu'il eut fait venir Sainꝗ Antoine à Alexandrie pour confirmer la foy de l'Eglife, par les miracles que Dieu feroit par ſon entremiſe, ny que le peuple conclud fort bien que Dieu eſtoit dans l'Eglife Catholique, où il faiſoit des miracles :* Tout cela eſt de l'inuention de l'eſprit de ces Meſſieurs, leſquels n'ont pas conſideré ce qu'à dit Sainꝗ Paul, que les ſignes ſont pour les infidelles, & non pas pour les fidelles : Et que lors qu'vne verité a eſté vne fois reconnuë par l'Eglife, & propoſée pour croire comme verité de foy : les vrays Chreſtiens n'ont plus beſoin de miracles pour eſtre confirmez en cette foy ; il ne faut point qu'ils voyent faire des miracles pour conclure qu'ils doiuent croire cette verité : il leur ſuffit que c'eſt Dieu qui parle par ſon Eglife ; & ils ne cherchent point d'au-

tre appuy pour leur foy que la parole de Dieu, qui leur est declarée par
l'Eglise.

IX. REFLEXION,
Sur ce que ces Messieurs soustiennent que le miracle de la saincte Epine a esté fait pour iustifier l'innocence des Religieuses de Port-Royal.

Pag. 10. 11. & 13.

Voicy vn des principaux chefs de la response de Messieurs de Port-Royal, sur lequel ils font triompher leur eloquence, pour porter le Lecteur à conceuoir autant de compassion pour ces Religieuses, qu'ils disent estre *accusées*, que d'indignation contre celuy qui les accuse auec tant d'injustice. Mais auparauant que de leur donner satisfaction sur ce chef, il est necessaire qu'ils nous disent dequoy ces Religieuses sont accusées dans cét écrit, auquel ils répondent auec tant de chaleur : & qu'ils nous marquent en quelle page, & en quelle ligne sont *ces horribles calomnies & impostures*, dont ils font de si grandes plaintes.

dent : c'est en la page 9. où l'Autheur ayant dit, que selon la maxime de sainct Paul, rapportée par le Patriarche Tarasius, les signes & les miracles sont ordinairement employez pour la conuersion de ceux qui n'ont pas la vraye foy ; il y a sujet de croire que dans la conjoncture des mauuaises dispositions où se trouuent à present les Iansenistes, Dieu a voulu faire comme vn dernier effort pour toucher plus viuement leurs cœurs. Ces Messieurs, selon leur since-rité ordinaire, ont rapporté ces paroles en cette sorte. En la page 22. de leur response, cét Escriuain conclud qu'il y a su-jet de croire que Dieu a fait ce miracle pour la conuersion de ces Religieuses, qui n'auoient pas la vraye foy ; parce que les miracles & les signes, comme dit l'Apostre, sont pour les infideles, & non pour les fideles. Il ne faut pas s'estonner si ceux qui osent bien falsifier les passages des Saincts Peres, comme on leur a souuent reproché, changent de la sorte les parolles des Autheurs qui leur disent leurs veritez.

C'est vne chose digne d'estonnement, que ces Messieurs qui ces iours passez auoient la veuë si trouble, qu'ils ne pouuoient pas lire dans le liure de Iansenius, ce que le Pape, les Euesques, & les Docteurs y lisoient ; ayent maintenant les yeux si clairs & si perçans, que dans vn écrit de deux fueilles ils voyent ce que l'Autheur qui l'a composé, & tous ceux qui le lisent, n'y peuuent voir : Car en effet dans tout cét écrit il n'y a pas vne seule ligne, ny vn seul mot, où il soit parlé de ces Religieuses.

Mais puis que nonobstant cela ils se mettent tant en peine de les def-fendre, & qu'ils veulent persuader à tout le monde que ce miracle a esté principallement fait pour les iustifier : qu'ils nous disent donc de quels crimes elles sont accusées, & pardeuant quels iuges : est-ce deuant l'assemblée des Euesques, ou bien deuant l'Official de Paris, ou peut-estre au Parlement que ces accusations ont esté portées : Et enfin sont-elles si dépourueües & si delaissées, qu'il faille auoir recours aux mira-cles pour les iustifier ; & qu'à moins que le Ciel parle en leur faueur, il ne leur reste plus aucun moyen pour prouuer leur innocence.

Certainement Messieurs de Port-Royal pensans faire plaisir à ces Re-ligieuses, leur rendent vn tres-mauuais office, de mettre ainsi leur hon-

Le Lecteur remarquera, s'il luy plaist, que pour don-ner quelque apparence à toutes ces plaintes, Mes-sieurs de Port-Royal ont fal-sifié vn passage de l'escrit au-quel ils respon-

neur & leur reputation en compromis. Car qui eſt celuy lequel ne ſça-
chant pas le myſtere caché ſous ces parolles ; & entendant dire aux
Ianſeniſtes que Dieu a fait vn miracle pour iuſtifier l'innocence des Religieuſes de Port-Royal, ne ſe perſuade qu'il faut que ces Religieuſes
ayent eſté accuſées ou ſoupçonnées auec grand ſujet de quelque crime
extraordinaire, puis qu'il a eſté de beſoin que le Ciel operaſt vn miracle pour les purger de cette accuſation, ou de ce ſoupçon.

Mais laiſſons ces Religieuſes en paix, & leur ſouhaitons ſeulement
des Directeurs ſages & ſoumis à l'Egliſe : car tous les miracles qui ſe
pourroient faire chez elles ne les exempteront pas des malheurs qui
ſont ordinairement cauſez par vne pernicieuſe conduite, ſi elles ne ſont
ce qu'elles peuuent, & ce qu'elles doiuent, pour s'en d'égager. Adreſ-
ſons-nous à Meſſieurs les Ianſeniſtes, & leur demandons pourquoy ils
ſe ſeruent de ces déguiſemens & equiuoques ? Pourquoy ils ſe cachent
ſous le voile de ces Religieuſes ; c'eſt à eux à qui l'on fait tous les reproches, qu'ils taſchent de deſtourner ſur ces filles, pour en éluder
l'effet : ce ſont eux qui ſont accuſez de ſouſtenir la doctrine condamnée
de Ianſenius, & de ne vouloir point ſe ſoumettre à l'Egliſe ; & non ſeulement ils ſont accuſez, mais ils ſont cenſurez, & retranchez pour ce
ſujet du corps d'vne Faculté tres-illuſtre & tres-Catholique. C'eſt d'eux
qu'on ſe plaint qu'au lieu de s'humilier, & de reconnoiſtre leur faute,
ils s'y obſtinent encore d'auantage, & taſchent d'employer vn miracle,
non ſeulement pour ſe fortifier dans leur rebellion contre l'Egliſe, mais
auſſi pour ſeduire les autres, & les attirer à leur parti : Que ne répon-
dent-t'ils ouuertement, & que ne diſent-ils ce qu'ils ont dans le cœur ;
c'eſt à ſçauoir, que ce miracle a eſté fait pour monſtrer que le Pape
s'eſt trompé, lors qu'il a condamné la doctrine de Ianſenius : Que les
Eueſques ont eſté abuſez ; que les Docteurs qui ont cenſuré la lettre
de Monſieur Arnaud ſont des ignorans ; & qu'il n'y a qu'eux ſeuls qui
ſoient éclairez de la verité. C'eſt là ce qu'ils euſſent bien voulu dire
dans leur réponſe, s'ils euſſent penſé le pouuoir perſuader ; mais la hon-
te & la crainte les a retenus : & il ne faut point en cela d'autre partie
pour les accuſer, ny d'autre iuge pour les condamner, que leur propre conſcience.

X. REFLEXION,
Sur ce que ces Meſſieurs diſent que ce n'eſt qu'à Port-Royal
que Dieu veut faire des miracles par la
Sainĉte Epine.

Pag. 13.

Qui vous a dit, Meſſieurs, que Dieu ne veut faire des miracles qu'à
Port-Royal ? auez-vous eu entrée dans les conſeils de la diuine Sageſſe,

pour

pour connoiſtre ſes deſſeins, & les publier auec tant d'aſſurance? Encore ſi vous vous fuſſiez contentez de dire que Dieu a fait vn miracle
à Port-Royal par vne ſainčte Epine, & qu'il n'en a point encore fait
ailleurs : Cela euſt eſté aucunement ſupportable, quoy que c'euſt eſté
touſiours vne marque ſecrette de preſomption, de vous glorifier des
dons de Dieu : mais d'auancer hardiment que Dieu ne vouloit faire des
miracles ailleurs qu'à Port-Royal, c'eſt vn diſcours, qui fait paroiſtre
non ſeulement voſtre indiſcretion & temerité, mais auſſi voſtre ſuper-
be & voſtre arrogance. Il ne vous reſte plus ſinon de dire auec le Pha-
riſien, que vous n'eſtes pas comme le reſte des hommes; que tous les
autres ſont dans l'aueuglement, dans l'ignorance, & que vous ſeuls
eſtes les illuminez de ce temps.

Vous dites donc que Dieu ne veut point faire de miracles ailleurs
qu'à Port-Royal, mais prenez garde qu'on ne vous réponde ce qu'à dit
Noſtre Seigneur : *que ceux qui ſe portent bien n'ont que faire de medecin, ny*
de medecine ; mais ſeulement ceux qui ſont malades : Et que puiſque les mi- Non eſt opus valentibus medicus, ſed male habenti-bus. *Matth 9.*
racles, ſelon Sainčt Paul, ne ſont pas pour les fidelles; & pour ceux
qui ont la foy ſaine, leſquels n'en ont pas beſoin ; mais pour les infidelles, & pour ceux qui ſont malades & infirmes en leur foy. Tirez-vous
meſme la concluſion de ces paroles, & voyez ſi vous donnez vne grande loüange aux Religieuſes de Port Royal, lors que vous dites qu'elles
ſont les ſeules que Dieu iuge en ce temps, auoir beſoin de miracles.

XI. REFLEXION,
Sur les nouueaux miracles que Meſſieurs de Port-Royal
rapportent en la page quatorze, quinze,
& ſuiuantes.

Meſſieurs de Port-Royal n'eſtoient pas pleinement ſatisfaits des deux
miracles qu'il auoient appoſez au commencement de leur libelle, contre l'ordre des Decrets de l'Egliſe, ils ont voulu encore en inſerer pluſieurs autres au milieu de leurs diſcours : c'eſt à dire, que ce n'eſtoit pas
aſſez pour eux d'auoir vne fois deſobey à l'Egliſe dans ce libelle; mais
que pour ſe maintenir & confirmer dans la poſſeſſion de cette deſobeyſ-
ſance, laquelle eſt comme eſſentielle au Ianſeniſme, ils ont voulu en
reciter la pratique au milieu de leurs diſcours, & prendre comme vn
nouuel acte qu'ils ne veulent point obeyr, ny ſe ſoumettre à aucune loy.

Le premier de ces nouueaux miracles, au rapport de ces Meſſieurs,
eſt arriué en la perſonne d'vne Religieuſe de Vernon ; laquelle à ce qu'ils
diſent, eſtoit paralytique des iambes, & ne pouuoit marcher qu'auec
de tres-grandes difficultez ; eſtant meſme aidée d'vne autre, ou ſouſte-

nuë d’vn bafton : & que s’eftant fait mener à Port-Royal, elle en reuint
entierement & parfaitement guerie : Mais il y a des perfonnes tres-di-
gnes de foy qui affurent auoir veu cette Religieufe dans la maifon où
elle fe retiroit en cette ville, marcher toute feule, & fans aucune aide;
& mefme monter les degrez d’vn efcalier auec affez de facilité vn peu
deuant qu’elle euft efté à Port-Royal ; & qu’apres fon retour de ce lieu,
ils la virent encore marcher & monter en la mefme façon, fans y auoir
apperceu aucun changement.

Ils rapportent vn autre miracle fait en la perfonne d’vne Religieufe
du Monaftere des Vrfulines de Pontoife ; laquelle eftant trauaillée depuis huit mois d’vn grand mal de tefte, fut guerie, à ce qu’ils difent,
par l’application d’vn linge qui auoit touché la fainéte Epine : Et on a
fceu d’vne perfonne tres-digne de foy deux chofes fur ce fujet ; l’vne,
que quelque temps auant l’application de ce linge, on auoit donné vn
remede à cette Religieufe qui pouuoit la guerir, ou du moins luy cau-
fer vn notable foulagement. L’autre, que nonobftant l’application de
ce linge, elle eft touliours incommodée de fon mal de tefte dans l’infir-
merie ; quoy que non pas auec vne fi grande violence qu’auparauant.
Or il eft à remarquer que quand Noftre Seigneur gueriffoit les malades
par quelque miracle, il ne les gueriffoit point à demy ; mais il les remet-
toit dans vne entiere & parfaite fanté : comme il fe void en la belle-mere
de Sainét Pierre, au Paralytique de la pifcine, & plufieurs autres rapportez dans l’Euangile. Et par confequent toutes ces pretenduës guerifon, rapportées par Meffieurs de Port-Royal, eftant imparfaites &
deffeétueufes, que le Leéteur Catholique iuge s’il y a aucune raifon de
les vouloir qualifier du nom de miracles.

Ces Meffieurs mettent femblablement au nombre de leurs miracles
ce qui eft arriué à vne petite fille aagée feulement de quinze mois au
temps de ce pretendu miracle, & non de dix-fept comme ils difent :
laquelle apres qu’on luy eut appliqué vn linge qui auoit touché la
fainéte Epine, commença de faire quelques démarches, eftant aidée
par fa nourriffe ; & quelques iours apres elle marcha eftant fouftenuë
par fa lifiere, comme les enfans de cét aage peuuent faire. Si cela doit
paffer pour miracle, il n’eft point befoin d’aller à Port-Royal pour voir
des miracles ; car il s’en fait tres-fouuent de femblables dans tous les
lieux où il y a des enfans de cét aage.

Il y a vn autre miracle qu’ils difent eftre arriué en la perfonne d’vne
Religieufe de l’Abbaye du Trefor ; laquelle felon le rapport qu’ils en
font, eftoit malade depuis fept mois d’vne fievre continuë, auec des
grands maux de tefte & d’eftomach : & que pour obtenir fa guerifon,
on fit vne neuuaine à Port-Royal ; pendant les huit premiers iours de
laquelle la fievre augmenta notablement, & le neufiefme elle fut plus
violente qu’elle n’auoit pas encore efté ; & qu’apres qu’on luy euft im-

posé vn linge qui auoit touché la sainéte Epine, elle se trouua entierement guerie ; & s'estant leuée, alla en rendre graces à Dieu dans l'Eglise
du Monastere. Voila vn sommaire du recit que font ces Messieurs de
ce pretendu miracle ; mais vne personne tres-digne de foy , qui sçait
tout ce qui s'y est passé, & qui en peut rendre tesmoignage comme té-
moin oculaire, a mandé à l'vn de ses amis de cette ville de Paris, que
lors qu'on appliqua le linge enuoyé de Port-Royal sur cette Religieu-
se, il y auoit quinze iours qu'elle n'auoit plus de fievre ; & que pendant
tout ce temps ayant mangé de la viande , & pris plusieurs bouillons
nourrissans par chacun iour, cette bonne nourriture pendant tout ce
temps , luy a bien pû donner assez de force pour se leuer de son lit, &
aller iusques à l'Eglise, quoy qu'auec assez de foiblesse : & que neantmoins le mesme iour son mal de teste luy ayant repris, elle fut obligée
de se remettre au lit sur les quatre heures du soir. Cette lettre con-
tient beaucoup d'autres particularitez de ce pretendu miracle que l'on
fera paroistre en temps & lieu. Il suffira d'adiouster qu'au mesme temps
que l'on faisoit la neufuaine à Port-Royal , on en fit semblablement vne
dans l'Eglise de cette Abbaye, en laquelle il y a vne saincte Epine toute
pareille à celle qui est à Port-Royal ; l'vne & l'autre ayant esté donnée
par Monsieur de la Poterie l'Ecclesiastique. Si donc il y a eu quelque
miracle en cette guerison, comme pretendent ces Messieurs , n'est ce
pas vne presomption ridicule de vouloir faire croire que ce n'est pas la
saincte Espine qui est en l'Abaye du Thresor, n'y la neufuaine faite
en l'Eglise de cette Abbaye, qui auroit operé cette guerison mira-
culeuse, mais qu'il la faut attribuer à la saincte Espine qui est à Port-
Royal, & à la neufuaine qui a esté faite à Port-Royal.

On laisse aux Superieurs Ecclesiastiques de faire la discussion des autres miracles mentionnez dans ce libelle. Le Lecteur pourra iuger de
ces échantillons que nous auons icy fait voir, quelle est la bonne foy &
sincerité de ces Messieurs dans le rapport qu'ils en ont fait, & qu'elle
creance l'on doit donner à tous leurs discours.

XII. REFLEXION,

Pag.18.19.&c

Sur ce que ces Messieurs disent, pour faire reuoquer en doute la
verité de quelques miracles rapportez dans
l'escrit des Obseruations.

Apres que Messieurs de Port-Royal nous ont debité des inuentions
de leur esprit, ou des faux rapports pour des miracles, ils font tout ce
qu'ils peuuent pour empécher qu'on adiouste foy aux veritables miracles qui se lisent dans l'histoire Ecclesiastique. Ils font des inuectiues
contre deux anciens Autheurs qui ont rapporté les miracles que Dieu

E ij

a faits par vne robbe de la tres-sainɗe Vierge ; & taschent de faire passer pour fable vne histoire tres-authentique, de laquelle on peut dire,
que si les hommes se taisent, les pierres en rendront tesmoignage ; puis
que pour honorer cette sainɗe Relique toute éclattante de miracles,
l'Empereur Leon fit edifier auprés du port de Constantinople vne des
plus magnifiques Eglises qui ayent esté veuës sur la terre. Mais on demande à ces Messieurs si toutes les choses qui ont esté dites par Meta-
phraste & Nicephore (qu'ils appellent Autheurs tres-fabuleux) sont
des fables ? & s'il n'y a point dans leurs liures quelque veritable histoire, & s'ils reconnoissent qu'il y en a non seulement vne, mais mesme
plusieurs tres-authentiques ; comme toutes les personnes doctes en
demeurent d'accord, ne iugent-ils pas le Cardinal Baronius assez sça-
uant, pour distinguer ces fables pretenduës d'auec les veritables histoi-
res. Qu'ils se donne donc la peine de le lire, & ils verront qu'il qualifie
la relation que ces Autheurs font des miracles de cette robbe ; non pas
du nom de fable, mais de celuy d'histoire. Et neantmoins pour leur
leuer tout sujet de doute, & leur donner plus grande certitude de la verité de cette histoire, ils la pourront lire toute entiere, en grec & en
latin, dans le narré historique de la deposition de cette sainɗe robbe,
qui a esté tiré d'vn manuscrit de la Bibliotheque du Roy, & inseré dans
le second tome du supplément grec & latin de la Bibliotheque des anciens Peres : & cette relation est attribuée dans ce manuscrit à George
Archeuesque de Nicomedie, qui viuoit il y a plus de mil ans du temps
de l'Empereur Heraclius.

Or laissant à part toutes les chicannes que ces Messieurs font sur des
menuës circonstances qui ne font rien à nostre sujet, ils apprendront
par la lecture de ce narré ce que nous voulions principallement faire
remarquer au Lecteur dans cette histoire : c'est à sçauoir, que la femme
qui gardoit en sa maison cette sainɗe robbe estoit Iuïfue, non seulement de nation, mais aussi de Religion : Comme il se void manifestement dans les entretiens qu'elle eust auec deux Seigneurs de la Cour de
l'Empereur, qu'elle logea chez elle ; & que nonobstant sa mauuaise
Religion, cette sainɗe Relique ne laissa pas de faire vn tres-grand
nombre de miracles dans sa maison, pendant plusieurs années, & de
guerir toutes sortes de malades. Ce qui fait voir tousiours de plus en
plus auec combien de temerité ces Messieurs ont osé auancer que c'est
vn horrible scandale de dire que le sainct Esprit fasse des miracles dans
vn lieu infecté d'heresie. Et s'ils veulent bien souffrir qu'on leur donne
vn charitable auertissement sur le sujet de cette histoire, qu'ils se sou-
uienne de la mauuaise reputation qu'ils ont acquise parmi les Catholiques en ce qui regarde le culte & la veneration des Saincts ; & particulierement de la mere de Dieu : & qu'au moins ils s'abstiennent d'vser
de paroles de mépris, & de qualifier du nom de fables, comme font les

Caluiniftes, les hiftoires qui font rapportées en l'honneur de cette fain-
&te Vierge.

Pour ce qui eft du miracle arriué en la perfonne du Prince de le ville
de Damas ; lequel eftant Sarrazin & infidelle, fut neantmoins gueri
miraculeufement par vne image de la mere de Dieu : puis que ces Meffieurs ne l'ont pû trouuer dans leurs liures, ils permettront qu'on leur
donne aduis que l'hiftoire de ce miracle eft rapporté dans le premier tome de la continuation des Annales de Baronius, fait par le tres-docte
& tres-illuftre Henry de Sponde Euefque de Pamiers, en l'année 1203.
nombre 6. comme auffi dans l'hiftoire d'Angleterre faite par Matthieu
Paris, Religieux Benedictin Anglois, & en la vie du Roy Iean ; & dans
la Chronologie d'Arnault Abbé de Lubec liure 7. Chapitre 10. Et cette
hiftoire leur fera connoiftre, que les miracles ne font pas toufiours les
marques d'vne véritable foy ; comme ils nous le veulent perfuader dans
leur libelle ; puis que Dieu en fait pour la guerifon des Sarrafins & des
infidelles : & que s'il eft queftion de donner vne marque affeurée d'vn
veritable Catholique, elle fe doit tirer non des miracles, mais de la
foumiffion & de l'obeyffance qu'il rend au Chef de l'Eglife, en ce qui
regarde les chofes de la foy : Et comme l'on ne reconnoift point cette
marque dans les Ianfeniftes, quelques miracles qu'ils nous veulent
faire croire eftre faits à Port-Royal, ils ne peuuent s'exempter tant
qu'ils demeureront dans leur contumace & obftination, du tiltre infa-
me d'heretiques.

Pour ce qui regarde la troifiefme hiftoire, où il eft parlé des miracles
arriuez dans la Synagogue des Iuifs de la ville de Berith, comme elle
eft tirée des Actes du fecond Concile de Nicée ; ces Meffieurs en font
tombez d'accord, & l'ont reconnuë pour veritable. Mais d'autant qu'ils
témoignent eftre en peine de fçauoir *qu'eft-ce que cette hiftoire a de commun* Page 11.
auec le fait dont il fagit, pour leur donner vne entiere fatisfaction fur ce
poinct, outre ce qui a efté dit dans l'écrit des *Obferuations*, ils remarque-
ront que cette hiftoire a vn tres-grand rapport auec ce qui s'eft paffé
à Port-Royal ; car elle nous fait voir des miracles qui ont efté faits dans
vne Synagogue où les Iuifs faifoient leurs affemblées ordinaires ; & ces
miracles eftoient faits par l'application du fang qui eftoit coulé d'vne
image de Iefus-Chrift, outragé par les Iuifs ennemis de fa paffion ; &
qu'il y auoit en ce lieu vn tres-grand concours, non feulement de Iuifs,
mais auffi de Chreftiens : lefquels entendant parler des miracles que
Dieu operoit en ce lieu, y venoient en foule pour trouuer la guérifon
de leurs maladies ; & qu'en effet ils la receuoient par l'onction que les
Iuifs faifoient deffus eux auec ce fang : & neantmoins quoy que les
Chreftiens viffent ces miracles fe faire dans la Synagogue des Iuifs, &
par les mains des Iuifs, ils ne les eftimoient pas meilleurs pour cela ;
mais reconnoiffans ces miracles comme des effets de la Toute puiffance

diuine, ils en rendoient toutes la gloire à Dieu, & regardoient touſiours les Iuifs comme Iuifs; c'eſt à dire, comme infidelles & ennemis de la verité.

Il ne ſera pas difficile à Meſſieurs de Port-Royal de faire l'application de cette hiſtoire, & de connoiſtre *ce que cette hiſtoire a de commun auec le fait dont il s'agit.* Ils pretendent que le miracle fait par la ſainĉte Epine eſt vne marque de leur innocence, & de la verité de leur doĉtrine, à cauſe qu'il eſt arriué à Port-Royal, qui eſt le lieu ordinaire de leurs aſſemblées: Et cette hiſtoire fait voir clairement qu'ils ſe trompent, & que la meſme choſe qui eſt arriué à Port Royal, eſt auſſi arriué d'vne maniere bien plus authentique & plus ſignalée, dans vne Synagogue des Iuifs; leſquels n'euſſent eu aucune raiſon de s'en preualoir pour authoriſer leur mauuaiſe Religion: en ſorte que comme ny la relique du ſang miraculeux de Ieſus-Chriſt que les Iuifs auoient entre leurs mains, ny les miracles qu'ils operoient par cette Relique dans leur Synagogue, ny le concours des Chreſtiens en ce lieu, ne les iuſtifioient point de leur infidelité, & n'empeſchoient pas qu'ils ne fuſſent touſiours tenus pour Iuifs, & pour ennemis de la verité de Ieſus-Chriſt. Ainſi Meſſieurs les Ianſeniſtes doiuent reconnoiſtre que ny la ſainĉte Epine qui a eſté teinte du ſang de Ieſus-Chriſt, laquelle ils ont entre les mains, ny les pretendus miracles qu'elle opere à Port-Royal, ny le concours des Catholiques en ce lieu, ne contribuént en rien à leur iuſtification, & n'empéchent point qu'ils ne doiuent touſiours eſtre tenus pour Ianſeniſtes, & pour ennemis de la verité, tant qu'ils ſeront deſobeyſſans & rebelles à l'Egliſe. Il eſt bien vray qu'il y a vne difference entre les Iuifs & les Ianſeniſtes; qui eſt que les Iuifs ſe ſont conuertis à la veuë de ces miracles, & ont ſoumis & captiué leur entendement en l'obeyſſance de la foy de Ieſus-Chriſt: mais les Ianſeniſtes demeurent touſiours obſtinez à ſouſtenir vne doĉtrine heretique, & à ne point ſoumettre leur iugement aux Decrets des Papes, & aux declarations des Eueſques de l'Egliſe de Ieſus-Chriſt.

XIII. REFLEXION,
Sur ce que Meſſieurs de Port-Royal diſent touchant le concours du peuple en leur Egliſe.

Ces Meſſieurs diſent deux choſes ſur ce ſujet. Premierement ils en veulent tirer vn nouuel argument pour faire croire leurs pretendus miracles; & puis ils font de grandes plaintes de ce qu'on aduertit les Catholiques qui vont à Port-Royal, de ſe tenir ſur leurs gardes, & de ſe bien premunir contre le Ianſeniſme. Pour ce qui eſt du premier poinĉt, ils ſe trompent dans leur raiſonnement; car tant s'en faut que

de ce concours de peuple ils puiſſent tirer vne conſequence que les miracles qu'ils alleguent ſoient veritables, qu'au contraire ſainct Charles
au 4. Concile de Milan, auertit les Eueſques de n'auoir aucun égard en
ce qui concerne les nouueaux miracles au concours & bruit populaires ;
& meſme de les tenir ſuſpects & de s'y oppoſer, iuſques à ce qu'ils
ayent découuert la verité du fait, par les voyes Canoniques & legitimes.
Et ſur ce ſujet le Lecteur ſe ſouuiendra de ce que nous auons deſia dit,
qu'il y a eu vn plus grand concours de peuple en cette ville de Paris, il
y a quelques années, en vn lieu où l'on voyoit aborder de tous coſtez
les malades, & l'on n'entendoit parler que de gueriſons miraculeuſes ;
& neantmoins apres vn ſerieux examen fait par l'authorité de feu Monſeigneur l'Archeueſque de Paris, il ne ſe trouua pas vne ſeule de toutes
ces gueriſons, qui meritaſt d'eſtre qualifiée du nom de miracle.

    Et partant que ces Meſſieurs ne ſe flattent point, & qu'ils ne ſe don-
nent point de la vanité de voir cette multitude de peuple en leur Egliſe :
qu'ils apprehendent plutoſt que cela ne ſoit pour eux vn nouueau ſujet
de condamnation, & que toutes les perſonnes Catholiques qui vont
à Port-Royal, ne ſoient autant de témoins qui leur reprocheront vn
iour deuant Dieu leur contumace & leur obſtination. Car s'ils inter-
rogent ce peuple touchant ſa foy ; s'ils demandent à chaque particulier
ce qu'il croit touchant la Paſſion de Ieſus-Chriſt, & l'authorité de l'E-
gliſe : il n'y en a pas vn de ceux qui n'ont point eſté infectez de leurs
erreurs, qui ne répondent, qu'il croit que Ieſus-Chriſt eſt mort pour
le ſalut eternel d'vn chacun des hommes, qu'il l'adore comme ſon Redempteur, & qu'il reconnoiſt & confeſſe, auec le ſainct Apoſtre, que
ce diuin Sauueur l'a aimé, & qu'il s'eſt liuré à la mort pour le ſauuer.
Que s'ils demandent encore à chaque particulier, qu'eſt-ce qu'il tient
touchant l'authorité de l'Egliſe, & de noſtre ſainct Pere le Pape qui en
eſt le chef ; il répondra, qu'il tient que chacun des fidelles eſt obligé de
croire ſimplement & ſincerement tout ce que l'Egliſe propoſe pour
croire, & rejetter tout ce qu'elle condamne ; & que quand le Pape qui
tient la place de Ieſus-Chriſt ſur la terre a défini quelque verité, ou
condamné quelques erreurs, & que ſes Decrets ont eſté receus & pu-
bliez par les Prelats de l'Egliſe, celuy-là qui ne veut point croire cette
verité, ou qui s'obſtine à ſouſtenir ces erreurs doit eſtre tenu pour heretique.

    Voila, Meſſieurs, quel eſt le commun ſentiment de ce bon peuple
qui va en voſtre Egliſe ; voila quelle eſt la foy qu'il profeſſe, par laquelle il eſt vni au corps myſtique de Ieſus-Chriſt. Mais ſi l'on vous deman-
doit ce que vous croyez ſur ces deux articles, quelle réponſe feriez-
vous ? Seroit-elle entierement conforme à celle des Catholiques ? par-
leriez-vous auec la meſme ſimplicité & ſincerité ? Ce ſeroit-là ſans
doute le plus grand des miracles de la ſaincte Epine, ſi elle operoit vne

telle conuerſion dans vos cœurs; laquelle ceux que vous qualifiez du nom d'ennemis, voudroient vous auoir procuré au deſpens de leur ſang & de leur vie. Mais ſi vous reſiſtez touſiours aux graces que Dieu vous preſente, ſi vous demeurez obſtinez à ne vous point ſoumettre ſincerement au iugement du Chef de l'Egliſe : n'y a-t'il pas iuſte ſujet de dire que toutes ces perſonnes qui vont à Port-Royal, ſeront autant de témoins que la Iuſtice diuine produira contre vous au iour du Iugement pour voſtre plus grande condamnation.

C'eſt donc vn peuple fidelle & Catholique qui va en l'Egliſe de Port-Royal, auec ſimplicité, ſans aucune défiance ny crainte des rencontres perilleuſes qu'il y peut trouuer. Il ne ſçait pas que les Directeurs & Conſeſſeurs de ce lieu ſouſtiennent vne doctrine que l'Egliſe condamne comme heretique, auec vne telle obſtination, qu'ils aiment mieux eſtre dégradez de la dignité de Docteurs, & eſtre chaſſez de la maiſon & des aſſemblées de Sorbonne, que de ſe ſoumettre humblement & ſincerement au iugement du Pape, & aux declarations de Noſſeigneurs les Eueſques. Ce bon peuple ne ſçait pas encore que l'vnique pretention de ces Meſſieurs, lors qu'ils inuitent les perſonnes d'aller à Port-Royal, c'eſt de les attirer à eux, & les engager dans leur parti; employans à cét effet toute ſorte de déguiſemens & d'artifices, comme l'experience nous fait aſſez voir. Et cela eſtant ainſi, ceux que Dieu a établis dans ſon Egliſe comme ſentinelles, ne ſont-ils pas obligez d'aduertir ce peuple Catholique de ſe tenir ſur ſes gardes lors qu'il va à Port-Royal, & de ſe bien premunir contre tous les mauuais deſſeins des ennemis de la verité.

Lors que les Iuifs furent menez captifs en Babilone, le Prophete Ieremie leur donna par écrit diuers aduertiſſemens pour ne ſe laiſſer ſurprendre aux apparences exterieures de la fauſſe Religion des Babiloniens : Il les exhorta de demeurer touſiours fidelles à Dieu, & fermes dans la Religion de leurs peres, quoy qu'ils entendiſſent ou viſſent faire à ces idolatres. On a fait le meſme par cét écrit auquel ces Meſſieurs répondent auec tant de chaleur.

On a donné deux auertiſſemens aux Catholiques qui vont à Port-Royal.

Le premier eſt, *de ne ſe laiſſer aller à aucun relâchement de cette fermeté de foy, qui les doit tenir indiſſolublement vnis au ſouuerain Chef de l'Egliſe, & ſincerement ſoûmis à tous ſes Decrets, en ce qui concerne la foy & la Religion.* Y a-t'il aucun Catholique qui ne trouue cét aduis tres-iuſte & tres ſalutaire, & qui ne ſe propoſe de le ſuiure auec affection & fidelité ? Le docte & pieux Gerſon ne trouua point de moyen plus efficace, pour empeſcher que le venin d'vne nouuelle hereſie qui auoit paru dè ſon temps ne ſe répandiſt dauantage, & ne fiſt vn plus grand dégaſt parmi le peuple qui s'aſſembloit par trouppes, ſous pretexte de deuotion &

de

Fiat in primis
exhortatio
vehemens &
crebra deſu-
per authorita-
te Papæ & Ec-
cleſiæ Roma-
næ, quatenus

de pieté, sinon d'exhorter fortement ce peuple dans les prædica-
tions, à se tenir dans la vraye & sincere obeyssance qui est deuë au Pape
comme Vicaire de Iesus-Christ, en ce qui regarde la foy & la discipline
de l'Eglise. Qu'est-ce donc qu'on peut iuger de Messieurs de Port-Royal
qui blasment vn auertissement si salutaire, qui font tant d'inuectiues
contre celuy qui le donne? Sont-ils faschez que les Catholiques demeurent fermes en leur foy? ou qu'ils se tiennent soumis & obeyssans au
Chef de l'Eglise?

Le second auertissement que l'on donne à ceux qui vont à Port-
Royal est, *de ne causer par cette sorte de deuotion aucun sujet de scandale à leur
prochain: lequel estant peut-estre infirme en la foy, comme parle sainct Paul,
pourroit tirer de leur exemple quelque occasion de ruine.* Qui a-t'il de plus
iuste que d'exhorter à ne point scandaliser son frere Chrestien? Ne doit-
on pas mesme s'abstenir quelquefois des meilleures actions, ausquelles
on n'est point d'ailleurs obligé, si l'on void que le prochain par son infirmité, en tire quelque occasion de scandale? Et à plus forte raison ne
faudroit-il pas quitter toutes ces visites du Port-Royal, si l'on connois-
soit que cela fust prejudiciable au bien de son prochain, soit en luy faisant conceuoir quelque estime d'vne doctrine condamnée par l'Eglise,
& de ceux qui la soustiennent, soit en luy donnant le desir d'aller en
vn lieu où sa foy pourroit souffrir quelque dommage: L'experience ne
fait-elle pas assez voir que la frequentation du Port-Royal a engagé
diuerses personnes dans le Iansenisme, & que plusieurs de ceux & celles
qui n'ont esté en ce lieu-là que pour y entendre quelque predication,
ou pour assister à quelque ceremonie, ont esté sollicitez exterieurement,
ou tentez interieurement de se mettre sous la conduitte & direction de
Messieurs les Iansenistes, lesquels cachans le venin de leur mauuaise
doctrine sous vn specieux voile de pieté, ne font ordinairement paroistre sinon vn zele de reformation, & vn desir de faire reuiure, comme
ils disent, le premier esprit du Christianisme, & de porter les ames au
plus haut poinct de la perfection, faisant croire d'ailleurs qu'ils ont des
conduites excellentes & toutes extraordinaires, par le moyen desquel-
les on fait en peu de temps de tres-grands progrez dans le chemin de la
vertu. Dieu sçait quelles sont toutes ces belles conduites, & ou se ter-
mine toute cette perfection Iansenistique, mais cependant voila le pie-
ge qu'ils tendent, pour surprendre les ames, & pour les engager dans
leur caballe, & dans leurs erreurs. Et c'est dequoy on aduertit tous
ceux qui vont à Port-Royal, qu'ils se tiennent soigneusement sur leurs
gardes, & qu'ils reconnoissent lors qu'ils sont en ce lieu-là, qu'ils mar-
chent, comme dit le Sainct Esprit par la bouche du Sage, au milieu des
laqs & des pieges. D'où il s'ensuit que c'est auec tres-grande raison
qu'on a adjousté dans l'escrit: *qu'il vaudroit bien mieux ne mettre iamais le
pied dans vn lieu auquel l'on n'a aucune obligation d'aller, que de s'exposer en y*

quilibet li-
beat prompti-
tudine animi
ad parendum
& obediendū
eius mādatis,
Gerson. in 1.
part. tractat.
contra sectam
flagellant.

Agnosce quod
in medio la-
queorum in-
grederis, Eo-
cli 9.

E

allant au hazard de succomber à quelque tentation, ou de causer à son prochain quel-que préjudice ou dommage, outre qui regarde sa foy & son salut.

Ne dites donc point, Messieurs, à la fin de vostre libelle, comme vous auez fait dés le commencement, & comme vous répétez si souuent dans toutes vos digressions, que c'est l'enuie qui a porté l'Autheur de cét écrit, & qui porte encore tous les Catholiques zélez pour la vraye foy, à détourner le peuple d'aller à Port-Royal.

Tristitia de alterius bonitate. Aug. lib. 15. de Ciuit. cap. 7.

L'Enuie, comme dit Sainct Augustin, *est vne tristesse conceüe de la bonté & de la vertu des autres.* Mais quelle peut estre cette bonté & cette vertu des Iansenistes, pour laquelle les Catholiques ayent occasion de conceuoir du regret & de la tristesse, puisque tout au contraire ils déplorent leur aueuglement & leur obstination, & que ce leur seroit vn tres-grand sujet de consolation & de ioye, s'ils les voyoient ouurir les yeux à la verité, & se soumettre sincerement à l'Eglise. Non, certes, les Iansenistes ne donnent point de l'enuie aux Catholiques; mais plutost de la compassion pendant leur vie, & de l'horreur apres leur mort. Ce n'est point par enuie que Messieurs de Sorbonne ont chassé de leur maison, & retranché de leur corps, les Docteurs Iansenistes. Ce n'est point par enuie qu'ils ont ordonné par vn Decret solemnel en leur assemblée tenuë le deuxiesme du mois de Decembre 1656. Que si ces Docteurs retranchez mouroient dans le Iansenisme, sans vouloir souscrire à la censure, ils n'assisteroient point à leurs funerailles, & ne feroient pour eux celebrer la Messe solemnelle, qui se celebre dans l'Eglise de Sorbonne pour les Docteurs apres leur deceze: mais c'est par vn esprit de charité pour les exciter à resipiscence pendant leur vie, & par vn zele de iustice, pour tesmoigner l'horreur qu'ils ont de leur contumace apres leur mort.

Inuidia filia est superbiæ. Aug. serm. 53. de verbis Dom.

L'Enuie, comme dit encore Sainct Augustin, *est la fille de la superbe.* Or n'y a-t-il pas grande raison de reprocher ce vice de superbe à ceux qui s'attachent auec presomption à leurs propres sentimens, & qui s'estimant estre les seuls sçauans de ce siecle, méprisent tous les autres, & les traittent d'ignorans, de stupides, d'aueugles, sans mesme épargner les plus illustres Prelats de l'Eglise. Et enfin qui preferent auec obstination leur propre iugement au iugement du Pape, des Euesques, des Docteurs, c'est à dire de toute l'Eglise; & qui refusent auec contumace de se soumettre aux Decrets des Papes, aux Declarations des Euesques, & aux censures des Docteurs. Les Iansenistes donc estant si manifestement conuaincus du vice de superbe, comment peuuent-ils estre exempts de celuy d'enuie, puis que *tout superbe est enuieux,* comme le mesme S. Augustin nous asseure.

Omnis superbus est inuidus. Aug. in Psal. 100. v. 3.

Enfin l'Enuie est non seulement la fille de la Superbe, mais aussi la sœur germaine de l'Hipocrisie, selon le sentiment du mesme Sainct Docteur: Ces deux vices ne vont iamais l'vn sans l'autre; *Ceux qui ont vne*

Qui falsi sunt multi, necesse

43

fauſſe iuſtice, & qui ne ſont vertueux qu'en apparence, à portent toûſiours
enuie à ceux qui ont vne veritable & ſolide vertu, & taſchent de les de-
crier & diffamer autant qu'il leur eſt poſſible. Ceux qui ne font les
actions de pieté ou de charité, que pour acquerir de l'eſtime & de la
creance parmy les hommes, ſont enuieux de ceux qui ſe portent à la
pratique de ces vertus par vne ſincere intention de plaire à Dieu, &
de le glorifier ; & s'efforcent en toutes occaſions de trauerſer
leurs bons deſſeins. O que Meſſieurs les Ianſeniſtes deuroient
faire vne ſerieuſe reflexion ſur cette verité, & bien examiner deuant Dieu, quel eſt le motif qui les porte depuis tant d'années à
décrier & calomnier auec tant d'animoſité, vn ſainct Ordre Religieux, lequel ils ne peuuent pas denier auoir rendu, & rendent encore à preſent de tres grands & tres ſignalez ſeruices à l'Egliſe. Ils
deuroient bien conſiderer quel eſt l'eſprit qui les incite à publier &
diſtribuer ſi liberallement, meſme aux huguenots & aux libertins, des
lettres remplies d'impoſtures, & de calomnies ſi noires & ſi malicieu-
ſes, & qui portent des caracteres & des marques ſi expreſſes du venin
de l'enuie, dont leur cœur eſt rempli contre les Peres Ieſuites, que la
lecture ſeule de ces lettres a eſté capable de donner de l'horreur du Ianſeniſme à diuerſes perſonnes, leſquelles y auoient deſia beaucoup d'en-
gagement.

Mais enfin ils deuroient penſer tout de bon en quel eſtat ils ſe trouueront à l'heure de leur mort, lors qu'ils ſeront ſur le poinct d'aller
rendre compte de tous les troubles qu'ils excitent dans l'Egliſe deuant
celuy que eſt le Dieu de Iuſtice & de Verité : Et dequoy leur ſeruira
pour lors d'auoir voulu ruiner & deſtruire tout ce que les Religieux
de cette ſaincte Compagnie s'efforcent de faire dans toutes les parties du monde, pour l'auancement du Royaume de Ieſus-Chriſt, ſans
meſme épargner ceux qui ont deſia verſé leur ſang & ſacrifié leur vie,
par vn genereux martyre pour la confeſſion des veritez de ſon Euangile.
Qu'ils voyent donc en eux-meſmes ſi ce leur ſera vne excuſe valable
en la preſence du ſouuerain Iuge, lors qu'il leur reprochera leur deſ-
obeyſſance & contumace contre l'Egliſe, de produire tous les libelles
diffamatoires qu'ils ont publié & diſtribué de tous coſtez ; non ſeulement contre les Ieſuites, mais auſſi contre les autres Docteurs Catholiques, & meſme contre Noſſeigneurs les Eueſques.

Non, ce n'eſt point l'enuie, mais la charité qui preſſe l'Autheur de cet eſcrit de leur remettre deuant les yeux ces veritez,
qu'ils ſe diſſimulent à eux-meſmes, afin que la veuë du mauuais
eſtat où ils ſont, leur en faſſe conceuoir de l'horreur, & leur in-
ſpire vn veritable deſir de s'en retirer, & de ſe conuertir à Dieu :

eſt vt inui-
deant veris
iuſtis, & ne-
ceſſe eſt, vt
quem viderint
iuſtum inui-
deant illi, &
hoc cum illo
agant quomo-
do amittat
vnde gloria-
tur. Aug. in
Pſ. 139. v.5.

ou du moins s'ils demeurent obſtinez , que cela excite les autres
Catholiques de prier Dieu pour leur conuerſion : & cependant ſe
tenir ſur leurs gardes, & ne ſe laiſſer ſurprendre à tous leurs déguiſemens & artifices.

Extraict du Priuilege du Roy.

PAr Grace & Priuilege du Roy : Il eſt permis à Florentin Lambert Marchand Libraire à Paris, d'imprimer ou faire imprimer vn
Liure intitulé , *Defenſe de la verité Catholique, contre les déguiſemens &*
artifices de la Reſponſe faite par Meſsieurs du Port-Royal, à vn eſcrit inti-
tulé , obſeruations neceſſaires ſur ce qui eſt arriué à Port-Royal au ſujet de
la ſainĉte Eſpine : Compoſé par le ſieur de ſainĉte Foy Doĉteur en Theologie,
Et ce pendant le temps & eſpace de cinq années conſecutiues : auec dé-
fenſes à tous Imprimeurs, Libraires, & autres perſonnes de quelque
qualité & condition qu'ils ſoient, d'imprimer ou faire imprimer ledit
Liure, ſous pretexte de déguiſement ou changement qu'ils y pourroient
faire , à peine de confiſcation, & de l'amende portée par le Priuilege.
Donné à Paris le 30. iour de Decembre, l'an de grace 1656. Et de noſtre
Regne le 14. Signé par le Roy en ſon Conſeil, BRAIER.

Regiſtré ſur le Liure de la Communauté , le 7. Ianuier 1657.
BALLARD, Scindic.